三句擊要

（又稱椎擊三要）

以三句口訣
直指大圓滿見地、觀修與行持

巴珠仁波切 原著

頂果欽哲法王 註解 ／ 堪布徹令多傑仁波切 教授

張福成 口譯

目錄

自序　4

導讀篇　6
前　言　8

正　文　15

簡略的說明　29

見地是大界浩瀚　29

觀修是智愛光也　41

行持是勝者苗芽　58

詳細的說明　76

見地是大界浩瀚　77

觀修是智愛光也　97

行持是勝者苗芽　139

結　語　172

【附錄】口訣根本文　174

自序

在此世界中之大圓滿導師極喜金剛（噶拉多傑）於涅槃時留下涅槃親誡，稱為《三句擊要》，以三個句子開示了大圓滿的見地、觀修與行持；此文即是巴珠仁波切配合三位先賢上師的名號進行註釋而開示的。

先賢曾開示若能聞此教法得到些微了解定可得到廣大利德，故若能如實證悟，先賢也曾宣謂即身成佛之法無較此殊勝者。

有問：「最極深奧之大圓滿法，適合廣遍流通嗎？」沒有不適合的，先賢宣謂對正法與一些特別人士而言，不論遇到任何逆緣順緣，都能成為利樂之因，故有其必要性。例如先賢曾謂：開示中法輪般若的空性思想，聞法後即使心生懷疑：是空性？非空性？亦較易斷除煩惱；先賢曾謂：尊德文殊開示空性後聲聞種姓眾心生不信，且起邪見，壽終後立即投生地獄，然未經許久即成為大乘所調弟子，故有特別必要性。

個人認爲，就大圓滿法而言，僅只是聽聞，都具有大必要性，故心生相信、恭敬而進行聞思，必定成爲此世後世利樂美好之純正基礎，因此敝人欣喜爲出版寫序。

堪布徹令多傑仁波切

2018/01/03

導讀篇

《三句擊要》❶的教法源自於極喜金剛證得虹光身成就，在化成虹光身時，弟子文殊友再三地祈請，在祈請之中，極喜金剛賜給教導，賜予文殊友一個珍寶做成的小盒子，這個小盒子大概像我們拇指這麼大，寶盒裡就留下三句遺言。

這個法是屬於涅槃教法，涅槃的遺言裡就是講見地一個句子、觀修一個句子、行持一個句子，也就是見地、觀修、行持三方面各以一個句子擊中關鍵要點。

傳承下來之後，巴珠仁波切把這個見地、觀修、行持三個方面的要點意義，做了一個解釋說明，因此就形成了《三句擊要》的教法。

不過巴珠仁波切所寫的《三句擊要》根本頌文非常短，頂

註釋：

❶ 坊間通譯為《椎擊三要》，依字譯，應為《三句擊要》符合藏文名稱原義，強調只用三個句子就能掌握關鍵，不須長篇大論。

果欽哲法王曾經根據根本頌文寫過一個註解,我自己在頂果欽哲法王跟前聽聞過兩次註解教法,得到兩次的開示,所以今天在這裡的講解指導,是根據頂果欽哲法王所寫的註解進行,因為用註解的方式講解,清楚明白,大家比較容易了解。

《三句擊要》這個教法共分為見地、觀修、行持三個項目,完全都是指大圓滿的教法。講解時,全部都是配合傳承上師的名號進行。巴珠仁波切本身的上師就是賈維紐古(勝者苗芽),賈維紐古的上師就是吉美林巴欽哲偉瑟(智愛光),吉美林巴的上師就是龍欽巴尊者龍欽喇蔣(大界浩瀚)。因此,見地的部份用龍欽巴尊者「大界浩瀚」這個名號解釋;觀修的部份用吉美林巴「智愛光」的名號來進行;行持的部分用「勝者苗芽」這個名號來解釋。

首先是對三項做一個簡略的解釋,之後,再分別對「見地大界浩瀚」、「觀修智愛光也」和「行持勝者苗芽」三部分再做詳細的解釋。

整本書的講解大綱就是如此進行。

前言

　　今天我們所要講授的是內道佛教的教法，在內道佛教的教法之中，包括小乘的教法與大乘的教法兩種類型，今天要講的是大乘的教法；在大乘的教法之中，包括經教乘門的教法與密咒乘門的教法兩種，今天要講的是屬於密咒乘門的教法；在密咒乘門的教法裡，分成外密咒與內密咒兩種，今天要講的是屬於內密咒的教法；內密咒的教法裡，包括生起次第為主的瑪哈瑜伽、圓滿次第為主的阿努瑜伽以及生起次第、圓滿次第雙運的阿底瑜伽三種類型，今天所要進行的是生起次第、圓滿次第雙運的阿底瑜伽的教法；在雙運阿底瑜伽的教法之中，分成外範圍、內範圍、密範圍、更密口訣範圍共四個範圍，今天要講的是屬於更密口訣範圍的教法。

　　就更密口訣範圍的教法而言，在西藏純正弘揚大圓滿的教法是大遍智龍欽巴尊者，在龍欽巴尊者的宗風裡，分成了第一種廣大班智達傳軌，針對這點，大遍智尊者就寫了《七寶

藏論》、《三休息論》、《三自解脫論》，以這個方式開示大圓滿的教法，這種方法是屬於廣大班智達的傳軌。班智達就是博士，博士廣大學習教法的方式就叫「廣大班智達傳軌」。

第二種心滴四支，以心滴四支的方式弘揚大圓滿的教法，這是屬於甚深古薩里的方式。古薩里就是瑜伽士或者說遁世者，因此是捨棄世俗的一切、捨棄人群遁世者的實修方式。

以上這兩種實修方式裡，我們今天要進行的是遁世者古薩里的學習方法，也就是心滴四支傳軌的這種方式。

在這裡面傳授口訣的時候，有時是一位上師對著一位弟子口耳相傳，這是「耳傳教授口訣」的方式；有時是上師針對一群弟子，講解書本裡的方法，以這樣來教授口訣的也有，這個是「典籍傳承教授口訣」的方式。在兩種方式裡，我們今天所要採用的是典籍傳承教授口訣的方式。

一般而言，大圓滿的教法屬於甚深的教法，即使我們內心相信大圓滿的教法是甚深的教法，對我們也不會發生用處。以前經常用的一個比喻，譬如「雪山獅子奶」，雪山獅子的奶當然是非常珍貴，這點大家都知道，而裝這個獅子奶所用的器

皿，必須使用非常珍貴的器皿，也就是黃金所做成的，如果使用其它一般器皿，獅子奶不能夠留下來，會滲透流失掉，完全不存在。

一樣的道理，大圓滿的教法非常重要，但是就算我們了解大圓滿確實非常重要，有渴求之心，然而僅僅只是這種渴求之心是沒有幫助的，大圓滿的實修者自己本身應當是具足緣分的弟子。而所謂具足緣分的弟子是指內心清淨，而就內心清淨而言，傳統的方式應當做滿前行法皈依大禮拜、發心、金剛薩埵百字明、獻曼達、上師相應法等五十萬遍，以這個方式積聚資糧、消除罪障，這是使內心清淨的方法。另外也有一般的實修方式，透過一般的實修方式當然也可以使我們的內心純淨。

總而言之，不管用什麼方式，目標是要使內心清淨，內心清淨之後對大圓滿教法要有強烈的信心，同時對於遍滿虛空的一切眾生，應當要有慈心和悲心，信心強烈加上齊備慈心、悲心這兩個條件於心，就可以說是學習大圓滿教法的適當器皿。

如果對於大圓滿教法信心強烈，那麼對於開示大圓滿教法的上師，當然一定有信心；如果對於開示大圓滿教法的上師已

經產生信心，那麼當然對於這個教法就會有強烈的信心；如果
對於這個教法有強烈信心，那麼就表示對於實修這個教法的金
剛師兄弟、法友，彼此之間也會互相有信心，也會互相恭敬。
在這種條件之下，就可以說是學習大圓滿教法的一個適當器
皿，就可以向他講說大圓滿教法了，可以這樣認定。

　　一般而言，台灣的弟子都得過很多密咒乘門的灌頂，從這
個條件來看，也可以說是學習大圓滿教法的一個適當器皿。從
我個人方面，針對這個角度來考慮，相信必然是如此，這也就
是為什麼今天可以向你們大家講說大圓滿教法的原因。

　　關於大圓滿教法，釋迦牟尼佛薄伽梵在印度住世的時候，
曾經向國王因陀羅菩提開示時輪金剛的教法，時輪金剛屬於瑪
哈瑜伽的教法。另外，也曾經向一些弟子開示一些瑪哈瑜伽、
阿努瑜伽這方面的密咒乘門教法。

　　其中阿底瑜伽的教法，是由金剛薩埵的化身大阿闍黎極
喜金剛在印度流傳開來。極喜金剛在印度時，把大圓滿教法
六百四十萬續部完完整整做了一個開示，之後極喜金剛的弟子
文殊友，在拜見極喜金剛之後，從極喜金剛這裡完整地學習了

大圓滿的教法，之後，把極喜金剛所講的大圓滿教法六百四十萬個續部，劃分成心部、界部和口訣部。其中的口訣部，由於可以開示的、具足緣分的弟子並不存在之故，所以就把這個教法埋藏起來，變成伏藏教法。

之後文殊友所傳承的弟子就是吉祥獅子，吉祥獅子學習了大圓滿教法後，做了實修，就將口訣部這個伏藏的教法迎請出來，進一步把口訣部又分成四類，就是我們剛剛提到的四種範圍：外範圍、內範圍、密範圍和更密口訣範圍。

其中，我們今天所要講的《三句擊要》，這三個句子的意思就是指大圓滿的見地、觀修和行持，是大圓滿教法本身不共的見地、不共的觀修、不共的行持，一共三個句子，所以稱為《三句擊要》。

總之，大圓滿教法非常重要，和其他的法不一樣，這一點已經不必再分析、不必再做檢查了，為什麼呢？因為歷代以來有太多的成就者和大博士，已經把大圓滿教法做過詳細的檢查分析，很多人也做了實修，而且證得虹光身的也太多了。

就現代的例子而言，如意寶達賴喇嘛，當然他實修的教法

主要是格魯派的教法，但他也發現大圓滿教法是相當特別的教法，所以他也經常提到實修大圓滿教法是非常有必要的。除此之外，密勒日巴，噶舉派的大成就者，也曾經講過自己實修了大圓滿教法。

所以，在格魯派裡很多人實修大圓滿的教法，噶舉派裡也很多人實修大圓滿的教法，而寧瑪派整個都是實修大圓滿的教法，純粹都是如此。

既然大圓滿教法如此重要，那麼大圓滿教法的見地是什麼？觀修是什麼？行持是什麼？這三方面就非常重要了。

大家今天聽了大圓滿教法的見地、觀修和行持，聽完之後，了解了：「喔！大圓滿的見地是如此，觀修是如此，行持是如此。」如果有了這種了解，那是上等者，非常好；假設聽完之後，對大圓滿教法的見地、觀修、行持依然不清楚，在心裡產生了疑問：「喔！大圓滿的見地是這個樣子嗎？不是這個樣子嗎？」產生懷疑，那也非常好，利益也是非常廣大的。

印度古代的大博士提婆曾經說過：「佛陀所開示的中觀見地，萬法是空性，這個部分就算是不能夠了悟，僅僅產生懷

疑，懷疑萬法是空性嗎？真的嗎？假的嗎？是嗎？不是嗎？僅僅產生這種懷疑，下輩子要斷除煩惱也非常容易。」所以如果對於空性的見地，不能夠證悟，僅僅只是產生懷疑，下輩子要斷除煩惱都會更加容易，那麼對於聽聞大圓滿教法之後，不要說證悟了，僅僅只是產生懷疑，那會得到廣大利益，就根本不用說了。

　　所以我們今天用這個方式講解，大家聽聞後，也許有一些人了解了某一部分，逐漸地就會了解得越來越多。相反地，如果對大圓滿的見地、觀修、行持完全不懂，一點點的了解也都沒有，但僅僅只是聽聞，也都會有廣大利益的。我個人確實是這樣相信，基於這一點，所以才來講解《三句擊要》這個大圓滿的教法。

正　文

བླ་མ་ལ་ཕྱག་འཚལ་ལོ།

誠心頂禮上師

《三句擊要》一開始，首先是誠心頂禮自己的大恩上師。

就此而言，小乘的教法裡也有上師這個名稱，要依止上師得到戒律，依止上師得到口訣；在大乘菩薩的道路之中，也有上師這個名稱，也是要依止上師得到戒律，依止上師得到教法，向上師請求很多教法；在密咒乘裡，當然也提到上師，也是要依止上師得到灌頂，依止上師得到指導。特別是在大圓滿的教法之中，了解上師和佛是無二無別的，這個相當重要，這部分我們談過非常多次了，如果認為上師是凡夫俗子，自己就僅僅只會得到凡夫的成就；如果認為上師是菩薩，有這種想法，那自己就會得到菩薩的加持；若果發現上師確確實實就是佛，那自己所得到的就是佛陀的加持。

總而言之，對於上師一定要有強烈的信心、勝解之心和恭敬之心；如果沒有信心、勝解和恭敬之心，就絲毫不會得到任何加持。

　　大佛尊阿底峽到達西藏時，西藏很多人蜂擁拜見，請求摩頂加持，並再三地請求阿底峽：「請上師賜給加持！請上師賜給加持！」阿底峽立刻回答：「請你產生信心！請你產生信心！」為什麼這麼說呢？因為對方如果沒有信心，就沒有辦法給他加持，就算給他加持了，對方也得不到加持的力量，所以信心非常重要。

　　但是要如何產生信心呢？佛陀曾經開示過了。佛陀在涅槃時，阿難內心非常難過，請求佛陀：「您不能夠進入涅槃，如果您進入涅槃，輪迴的一切眾生就沒有辦法離開三有輪迴，不能夠解脫一切痛苦，所以無論如何，請求您長久住世，不入涅槃。」

　　佛陀於是開示了：「阿難，你不要難過，未來即使我不住世，也會化成上師的形象，對眾生繼續開示教法和傳授口訣，用這個方式利益眾生。所以眾生要脫離三界輪迴的方法仍然是有的，要解脫一切痛苦的方法仍然是有的，因為將來上師會開示。」佛陀曾經這樣講過。

　　因此，當我們修法時，應該對上師有強烈的信心，認為上師就是佛，為什麼？因為佛陀曾經親口說將來會化成上師的形

象，了解了這一點，當然要相信上師不是凡夫俗子，他確確實實是佛陀的化現，這一點毫無疑問，如果能這樣，對於「上師就是佛」的信心，不由自主從內心深處就會產生。

以上是對於「上師就是佛」的信心產生的方式。

此外，就上師而言，從外相來看，上師是三寶的總集，上師是僧寶，上師也是法寶，上師也是佛寶；從內相來看，上師是三根本的總集，也就是上師、本尊和空行三根本的總集；從密相來看，上師是三身的總集，也就是化身、報身以及法身三身的總集。

首先從外相來看，上師的身體是僧寶，通常提到僧寶時有聖者和凡夫兩種類型。一般來講，真正的僧寶是屬於聖者菩薩──登聖者地的菩薩，這算是真正的僧寶；隨順的僧寶就是指具足外在分別解脫戒、具足內在菩薩戒或者具足密咒乘持明律儀，這樣的一個凡夫也是屬於僧寶。首先就上師而言，他具足外在的分別解脫律儀，也具足內在的菩薩律儀，也具足密咒乘的持明律儀，具足三種律儀，而且對眾生又有慈心和悲心，可以非常確定，上師就是僧寶，上師的身體是僧寶。

　　其次，上師的語言是法寶，所謂的法寶是什麼呢？佛陀曾經親口開示，告訴弟子：「我示解脫道，解脫依於汝，這是你應當了解的。」佛陀說祂的責任是開示解脫的道路，對弟子詳細說明離開三界輪迴得到解脫的正確道路，佛陀開示說明後，強調：如果你（弟子）按照這個道路實修，就離開三有輪迴，如果你不按照這個道路實修，就繼續在輪迴裡，繼續不斷地沉淪、不斷地流轉，要實修還是不實修？要解脫還是不解脫？你自己做決定，這是弟子的權力，弟子可以自主自由做決定。

　　而且佛陀也開示：「這是痛苦，你應當要了解；這是集諦，你應當要把它滅除；這是道諦，內心裡你要依靠它；這是滅諦，應當在內心得到。」這也是佛陀開示的。

　　佛陀也開示過：「諸惡莫做，眾善奉行，自淨其意，是諸佛教。」身體的不善業殺生、偷盜、邪淫三種，語言的不善業妄語、兩舌、惡口、綺語四種，內心的不善業圖謀心、害心、邪見三種，這是十種不善業，應當要斷除掉。不善業的反面：身體的三種善業，語言的四種善業，內心的三種善業，這是十種善業，應當要努力去做。佛陀也做了以上種種開示。

　　因此，所謂的法寶是什麼呢？法寶就是行善去惡的方法，諸惡莫做，眾善奉行，努力地行善去惡，還有脫離三有輪迴的方法，這些就是法寶。

　　一樣的道理，上師不管在什麼時候碰到弟子，向弟子講什麼呢？上師都是告訴弟子：「喔！這個行為是不善業，你不要去做；喔！這個行為屬於善業，你要努力去做。如果渴求脫離三有輪迴，得到解脫，見地是如何如何，見地要詳細地檢查分析；了悟見地之後要觀修，觀修怎麼做呢？配合觀修，日常的行持又是如何呢？」上師不是講解很多？所講解的內容純粹就是法寶，所以上師的語言是法寶。

　　那麼上師的心意是什麼？上師的心意是佛寶，為什麼呢？上師的心意當然就是基如來藏，基如來藏是什麼？在《功德寶藏》❶中，我們已經講解得非常多了，基如來藏裡，佛的身智功德圓滿自成，所以上師的心意是佛陀的身智功德圓滿自成，

註釋：
❶內容請參見橡樹林出版《本智光照──功德寶藏顯宗分》和《本智光照──功德寶藏密宗分》二書。

法報化三身的性質已經圓滿存在裡面了，所以上師的心意就是佛，這一點是確定的，毫無疑問。

前面所講的是從外相來看，上師是三寶的總集，它的意義是這個樣子。

接著從內相來講，上師是三根本的總集，三根本就是上師、本尊和空行，一般經常提到的：加持的根本是上師，成就的根本是本尊，事業的根本是空行。

加持的根本是上師，所以，我們依於上師得到灌頂，請求上師賜給加持，請求上師開示口訣，請求上師傳授指導，這一切都是由上師而來，唯有經由上師加持，自己才能夠學習，才能夠得到教法，所以上師是加持的根本。這是三根本的第一項。

成就的根本是本尊，但是也是上師，因為上師已經傳授了口訣，之後自己就要按照口訣如理實修，若是能如理做實修，就能夠得到共通的成就以及不共的成就，這些成就完全都是要靠上師傳授的口訣進行實修，才可以得到；不實修就不能夠得到，所以這些成就仍然是由上師而來。本尊是成就的根本，但

是因為實修這些口訣才得到成就，所實修的口訣是由上師所傳授，所以實際上本尊也是上師，因此成就的根本仍然是上師。這是三根本的第二項。

事業的根本是空行，也是上師。首先，自己要經由實修來了悟見地，當對於見地已經實修了悟了，之後要在慈心和悲心非常強烈的情況之下去利益眾生，這種利益眾生的情況其實還是由上師而來，所以上師是事業的根本。這是三根本的第三項。

無比的達波仁波切拜見了密勒日巴後，請求傳授教法，跟隨密勒日巴學習了很多教法，聽聞思惟，也做了禪修，之後有一天，就請問上師：「什麼時候我才可以利益眾生呢？」密勒日巴回答：「哎呀，還不要急啊，現在你看我是個老頭子，當你什麼時候發現你的看法改變了，看到我這個老頭子確確實實感覺到是佛，如果這種想法、感覺出現，那你就可以去利益眾生了。」

過了很久很久，達波仁波切有一天突然間發覺密勒日巴確確實實就是佛，因此在密勒日巴前面頂禮說：「啊！果然是

佛，您對我的利益實在太廣大了，而且比起親自的佛本身，上師您對我的恩惠還要更加廣大呢，因此在死亡之前，我恆常不離開上師。」達波仁波切就這樣講了。

這個時候密勒日巴就告訴他說：「不必如此啊，對我這個老頭子，你現在的想法和以前完全不同了，你不必再待在這裡了，你已經可以去利益眾生了。」

所以利益眾生是事業，這個利益眾生的事業也是由上師而來，實際上事業的根本是空行，空行也是上師的本質。

有些上師會告訴弟子：你好好地實修大圓滿口訣，閉關山居非常多年後，可能你會證得虹光身；如果你興建寺廟照顧很多出家人，給他們居住的處所，給他們衣服食物，對他們開示教法，傳授灌頂，大概你就沒有機會證得虹光身了，但是這樣做，你卻可以廣大利益眾生。

所以目標不要放在自己證得虹光身這個項目，要好好想著利益眾生是更加重要的。利益眾生是事業，這個事業也是由上師而來的，因此，事業的根本是空行，其實事業的根本也是上師，也是上師的本質，應當要有這種了解。

接著，三身的總集，經常提到上師是三身的總集，這是指上師的身體是化身的性質，上師的語言是報身的性質，上師的心意是法身的性質。前面我們講三根本的部分，上師的身體是上師的性質，上師的語言是本尊的性質，上師的心意是空行的性質。就上師的心意是空行的性質而言，事業的根本是空行，因爲上師的心意即是佛，了悟了這一點的時候，那就是利益眾生的時間，我們前面講了一個故事，這點大家也了解。

三身之中上師的身體是化身的性質，這一點我們在講《功德寶藏》時曾經講解過，一般來講，佛陀薄伽梵的化身，分成殊勝化身、工巧化身和種種化身這些類型，其中就種種化身而言，爲了利益眾生，佛陀也會變成橋來利益眾生，化成船來利益眾生。如果用現代語言解釋，佛陀也會變成飛機來利益眾生，佛陀也會變成航空母艦來利益眾生，佛陀也會變成大明星來利益眾生，佛陀也會變成獵人來利益眾生，佛陀也會變成青樓女子來利益眾生，當佛陀變化出一個化身要去利益眾生時，不可能只有一種形象，而佛陀要變成什麼模樣，當然是千變萬化不可思議的。

　　總而言之，佛陀利益眾生的方式有很多種，而且方式不可思議，所以要了解，對我們開示佛法、對我們傳授口訣，這一個開示者、傳授口訣者，當然就是佛的化身，要有這種認識。

　　其次，上師的語言就是報身的性質，在報身的國土這個地方，大乘教法的法輪持續不斷地轉動，不斷地在開示教法。一樣的道理，對我們而言，上師也是轉動法輪，不斷地開示教法，報身也開示教法，上師也開示教法，傳授者有所差別，一位是報身，一位是凡夫，不過，所傳授的教法卻毫無差別，就此而言，上師的語言的性質就是報身。

　　其次，上師的心意本身是如來藏，就如來藏而言，形狀的本質也不能夠成立，顏色的本質也不能夠成立，無常這個本質也不能夠成立，物質這個本質也不能夠成立，所以上師的心意是如來藏，如來藏屬於什麼呢？它有什麼形狀、有什麼顏色嗎？沒有！如來藏超越我們內心能夠思惟的範圍，法身也是超越形狀、顏色、物質，也是超越我們內心能夠思惟的範圍，所以上師的心意和法身無二無別，上師的心意就是法身，應當如此了解。

　　總而言之，前面的講解是應用各種各類的方法，使我們的內心能夠對上師產生強烈的信心。這些使我們內心產生強烈信心的方法非常重要，透過這些方法，當我們內心對上師產生強烈信心，是不是說那位上師依於這個方法，就可以得到很多個人的利益，就可以變得名氣非常響亮，是不是這樣呢？完全不是！

　　這些方法的目的是要使弟子對上師能夠產生強烈的信心，因為如果對上師產生強烈信心，內心就能夠純淨；如果內心純淨，當上師對這個弟子開示口訣時，這弟子就能夠得到廣大的利益。相反地，如果對上師沒有信心，內心不清淨，就算上師傳授了口訣，弟子得到了口訣，但對自己絲毫不會產生利益。

　　所以，這些方法是使弟子對上師產生信心，而對上師產生信心之後，真正能夠得到利益的是弟子自己，因為弟子能夠由這個口訣得到廣大的利益。

　　現在對我們講授這個教法如何、那個教法如何，開示口訣的這一位上師，稱為「世俗諦外上師」，也就是世俗諦外在形象的上師。這位上師開示口訣後，我按照這個口訣實修，不斷

地實修，到了某一天，經由這個口訣證悟了我內心的實相，如理如實證悟內心實相的時候，所證悟的內心實相，稱爲「勝義諦內上師」，也就是勝義諦內在形象的上師。

當我們現在實修時，世俗諦外在形象的上師和勝義諦內在形象的上師兩者完全不同，各個分開；如果我們努力實修，到了某一天證悟了自己內心的實相，那個時候，就不必依靠世俗諦外在形象的上師，爲什麼呢？因爲對於上師的信心非常強烈，上師是三寶的性質，是三根本的性質，是三身的性質，這樣的一位上師所齊備的這一切的功德——三寶、三根本、三身的性質等功德，在內心的實相裡已經完全圓滿具足了。所以證悟內心實相的時候，不必依靠世俗諦外在形相的上師，因爲世俗諦外在形象的上師就是自己內心的實相，就是自己內心實相勝義諦內在形象的上師，離開了內心實相之外，再也沒有任何其他的上師。所以這個時候，世俗諦外在形相的上師和勝義諦內在形象的上師，兩種情況的上師完全雙運結合在一起，如果要得到這個證悟，完全要靠上師的口訣，依於上師口訣的大恩才能夠得到這種證悟。

　　我們這個教法的名字稱爲《三句擊要》，原因是什麼呢？三句是指三個句子，見地一個句子、觀修一個句子、行持一個句子，但是爲什麼稱爲「擊要」（擊中關鍵要點）呢？

　　舉例而言，譬如要砍倒一棵樹，如果我把樹枝一根一根砍斷，把葉子一片一片拔掉，把果實一個一個摘掉，非常辛苦勞累。若是用另一種方式，我直接把樹根砍斷，或者是想辦法讓樹根乾枯，那麼整棵樹就倒掉了，這是不是非常容易呢？這樣的方法就叫做「擊中關鍵要點」，所以稱爲「擊要」。如果是用前面的方式，把樹枝一根一根砍斷，把葉子一片一片拔掉，把果實一個一個摘掉，那就是沒有擊中關鍵要點。

　　再舉一個例子，譬如屠夫在屠宰場宰殺動物，他可以慢慢把這個動物殺死，砍斷牠一隻手、砍斷一隻腳，最後動物死掉了，但這種方法是不是擊中關鍵要點呢？沒有！一個厲害的屠夫宰殺動物時，只用一刀直接刺中心臟或腦袋，動物立刻死了，因爲腦袋和心臟是命脈寄託之處，是關鍵要點，擊中關鍵要點當然動物立刻就死了。

　　一樣的道理，我們現在內心的煩惱很多，如果按照顯教乘

門的方式，貪心用一種對治法門，瞋恨用另外一種對治法門，愚癡又用另外一種對治法門，對每一個不同的煩惱，用一個一個不同的對治法門，因此對付很多的煩惱就要用很多的對治法門，可見這是沒有擊中關鍵要點。

大圓滿的教法是如何擊中關鍵要點的呢？靠見地這一個項目就擊中關鍵要點，因為「直接指示見地」，這直接指示的見地能夠把五毒煩惱一起同時斷掉，所以是擊中關鍵要點。

簡略的說明

見地是大界浩瀚

|ལྟ་བ་ཀློང་ཆེན་རབ་འབྱམས་ཡིན།

見地是大界浩瀚

在《三句擊要》裡所提到的見地、觀修、行持，完全都是指大圓滿的教法，見地、觀修、行持的解釋完全都是配合上

師的名號解釋說明。所以，「見地是大界浩瀚，觀修是智愛光也，行持是聖者苗芽」，這些都是三位祖師的名號。

首先見地是「龍欽喇蔣」，「龍欽喇蔣」是藏語，翻譯成中文就是大界浩瀚，所以見地是大界浩瀚。

見地的部分有善的見地和不善的見地，還有不屬於善也不屬於不善的見地。其中就不善的見地而言，經常提到的是指壞見、邊見、邪見、見取見、戒禁取見，依於這不善的五種見地，有時候投生在善道，有時候投生在惡道。

就善的見地而言，非常相信十種不善業，知道這確實是不善業，因此不去做；也非常相信十種善業，認爲這確實就是善業，因此努力去做，那麼這就是善的見地。產生這種相信就是善的見地，依於善的見地肯定會投生在善道。

有些見地既不屬於善也不屬於不善，譬如：相信這是我的房子，這是我的爸爸、媽媽，這是我的東西，和我有關係的事物，我都相信是這個樣子，這個就稱爲見地，這個見地既不屬於善也不屬於不善。

所謂見地的意思是指根本沒有懷疑，相信它確確實實就是

如此，我相信這是水，我相信這是火，我相信這是風，我相信這是土地，我相信這是房子，這種見地既不屬於善也不屬於不善。

在這些見地中，能夠使我們脫離三界輪迴的見地是無我的見地，針對無我的見地，又分為人無我的見地和法無我的見地。在經教乘門裡對見地是如此區分說明的，但如果要抉擇兩種見地，那就要一個廣大的工程了。

譬如就抉擇人無我而言，人我是不存在的，怎麼來進行呢？我的手也不是我，我的腳也不是我，我的頭髮也不是我，頭髮兩萬一千根，一根一根都不是我，我的頭也不是我，頭有兩個眼睛，每個眼睛不是我，兩個耳朵不是我，鼻子也不是我，每一項都不是我，如此這樣來抉擇人無我。這要透過廣大的邏輯推理方式進行，所以這種方式不是「擊中關鍵要點」。

如果要抉擇法無我，怎麼樣抉擇呢？譬如瓶子、柱子、地、水、火、風等，我認為它們都是諦實成立的，這就是法我的執著。東西南北四面八方上下任何一個法去分析，都沒有法我存在，這個要透過非常廣大的邏輯推理進行抉擇，每一個部

分詳細地抉擇，這個方法也不是「擊中關鍵要點」。

　　大圓滿的教法是擊中關鍵要點，那是什麼意思呢？不必靠各種推理方式，上師直接告訴弟子內心的實相是如此，弟子按照上師的教誡直接做觀修，持續觀修又觀修。到了某一天，發現確實是如此，和上師的教誡完全一樣，內心的實相確實是如此，這種確信產生的時候，就是大圓滿的見地。

　　大圓滿這個見地既不需要用廣大無邊的邏輯推理方式進行，也不必用非常辛苦勞累的方式進行，這種見地產生的時候，一切的煩惱自自然然就斷除掉了，所以這是擊中關鍵要點，用見地的方式就直接擊中了關鍵要點。

　　見地的解釋是大界浩瀚，這是配合上師龍欽巴尊者的名字「龍欽喇蔣」，龍是界的意思，欽是大的意思，喇蔣是浩瀚的意思。不過龍這個字譯成界，這個界有時候當做廣大，有時候當做內在的意思，譬如說「大海界」，意思就是大海裡面；說「虛空界」，意思就是在虛空裡面。

　　這個浩瀚是廣大無邊，所以基本上見地是指如來藏，在基如來藏之中，輪迴的法完全都包括在基如來藏裡，涅槃的法全

部都包括在基如來藏裡，可以說如來藏本身遍及輪迴和涅槃一切，所以稱之爲「浩瀚」。

在經教乘門裡經常提到「智慧般若波羅蜜」，就是「勝慧到彼岸」的意思，所謂「勝慧到彼岸」，其實指的也是佛果，但是能夠得到佛果的這個道路，也把它稱爲勝慧到彼岸。如何實修勝慧到彼岸？如何能夠得到智慧般若波羅蜜？這個方法、道路，佛陀也都做了很多開示，佛陀所開示的這些教法，稱爲《般若經》，也用「般若」這個名稱。

相同的道理，「見地是大界浩瀚」，這個見地指的是我們內心的實相，也就是如來藏，但是所開示的能夠證悟內心的實相的這些方法，也把它取名爲「見地」，所以見地用大界浩瀚這個名稱。

前面講過了，在大圓滿的教法裡，「界」這個字也可以當廣大的意思，在大圓滿的教法之中，內心的實相如來藏，如來藏包括明分的成分和空分的成分，也就是明分的要素和空分的要素。

就空分而言，如來藏本身沒有形狀，沒有顏色，也沒有大

小，這些都不能夠成立。如來藏是什麼呢？它是超越我們內心所能夠思惟的，但是遍及一切眾生。

就明分這部分而言，如來藏的本智，本然智慧，不管什麼時候都存在。在不清淨的眾生階段，還有成佛的時候，佛陀的本智有沒有增和減的差別呢？沒有！如來藏的本然智慧不會有時多、有時少，也不會有時好、有時壞，沒有這種差別，從以前到現在始終都是如此，既不增也不減，完全一模一樣，這種佛的本智，如來藏的本智，遍及一切眾生。

所以，明空雙運的如來藏遍及一切眾生，這是見地，見地是如來藏，誰證悟了呢？佛陀證悟了，還有登地的聖者菩薩，得到聖者果位的菩薩，聖者果位的菩薩在等置的階段也了悟如來藏。現在我們內心也有如來藏，但是我們不了解，那是不是我們現在內心的如來藏就比較差勁？佛證得佛果時，了解了，所以佛內心的如來藏就比較高級？完全沒有這種差別！

釋迦牟尼佛證得了佛果，祂內心的如來藏和現在還沒有證得佛果的我們凡夫俗子內心的如來藏，二者本質只有一個，無二無別，毫無差別，只不過佛了悟了內心的如來藏，因此證悟

了佛果，我們凡夫眾生對於內心的如來藏的本智，沒有了悟，因此產生了迷惑錯亂。

總而言之，佛和眾生雙方的基如來藏的本質只有一個，完全相同，毫無差別。對這個部分，大圓滿的教法提到「一基與二道」，「一基」是指佛陀的如來藏和眾生的如來藏，既不高也不低，既不好也不壞，只有一個，所以稱為「一個基礎」。

但是為什麼稱為「二道」兩個道路呢？我們現在輪迴眾生的時候，對如來藏不了解，因此變成一個迷惑的道路，佛陀對如來藏完全了解了，因此祂走的道路是沒有迷惑的道路。所以基是一個如來藏，但是卻成為迷惑的道路和不迷惑的道路，成為兩個道路。

輪迴和涅槃二者都包括在如來藏的界之中，就是包括在如來藏裡面，如來藏本身包括了輪迴的法和涅槃的法，所以大界浩瀚用「界」這個字，「浩瀚」是廣大無邊的意思。這個如來藏是佛陀的本智光明，本智之光，放射出來時，輪迴的眾生看到了，不了解這是自己的光，把這個光當作是另外一個其它者，因此執著為對境。如果把本智之光執著為對境，那當然就

有一個認識對境者、認識的主體存在，這就是有境，所以就有一個有境的心，因此就認為有兩邊，這就形成了迷惑錯亂。

在經教乘門裡提到輪迴的根本是「我執」，但是在大圓滿的教法裡提到輪迴的根本是「二執」。

舉一個比喻，以前一些鄉下還有這種情況，在門的外面會放一面鏡子，鳥飛來飛去，停在鏡子前面時，看到自己的影像在鏡子裡，鳥不會知道這是自己的影像，會認為是另外一隻鳥，於是用喙去啄鏡子裡這隻鳥，導致牠的唇裂開流血了。

如果這隻鳥知道鏡中只是自己的影像，就不會跟牠爭吵，不會用喙去啄鏡子，也不會受到嘴唇裂開不能吃東西的痛苦，這些都不會發生，所以不知道就會產生很多的痛苦，知道的話就不會有任何的痛苦了。

譬如一個人照鏡子時，當然知道鏡子裡出現的臉就是自己的臉，那只是自己的一個影像而已。看了鏡子裡的影像，就知道自己的臉哪裡有污垢，可以把這個污垢擦掉，因此就會產生許多用處。

一樣的道理，就佛陀而言，如來藏本智之光放射出來時，

佛陀了解這是自己的光，絲毫沒有產生迷惑錯亂，因此就得到了廣大的利益。就我們輪迴凡夫而言，如來藏本智之光放射出來時，就好像前面講的那隻鳥，這是自己的光，但是不了解，把它執著成為是一個其它者，成為一個對境。當然對境本身對我們不會造成傷害，但是執著它是對境時，就會產生很多的傷害，就像前面講的鳥的例子一樣，僅僅只是鏡子裡面出現鳥的影像，對鳥不會發生任何傷害，但是認為這是另外一隻鳥，去啄牠的話就會造成對自己的傷害。

所以這個本智之光出現的時候，執著這個是對境，還有一個有境存在，因為這兩邊的執著之故，慢慢地就產生了貪戀、產生了執著，慢慢地就流轉在三界輪迴之中，在三界輪迴裡不斷地流轉之後，貪戀、瞋恨、愚癡、傲慢、嫉妒五毒煩惱就越來越強烈，因為五毒煩惱很強烈，繼續推動輪迴不斷地流轉下去。

如果照鏡子時，知道這個鏡子裡出現的臉是我的影像，有這種了解的話，那當然對自己就沒有傷害，而且還有幫助。一樣的道理，如來藏自己的光放射出來時，知道是自己的光，有

這種了解，就沒有任何的傷害，還會產生用處。

前面講的這隻鳥，當牠看鏡子時，鏡子裡出現一個影像，這個影像和鳥本身是一個還是分開的呢？既不是一個也不是分開的。如果是一個，當這個鳥用嘴去啄鏡子時，牠的唇裂開，受傷流血了，那鏡子裡那隻鳥的唇也應該會裂開，也會受傷流血，其實卻沒有；如果牠們是分開完全沒關係，當這隻鳥飛走後，鏡子裡的鳥應該還留在那裡，但實際上卻不是，鳥飛走後，鏡子裡的影像也消失不見了。

和這個情況一樣，如來藏和五毒煩惱是一個還是分開的呢？既不是一個也不是分開的。就如來藏的本質而言，在我們現在不清淨的凡夫的階段，沒有證悟如來藏的本質，在這個時候，如來藏存在不存在呢？如來藏仍然存在的。如果了悟了如來藏本質的時候，所有的五毒煩惱完全不能夠成立。

就像這隻鳥，牠非常生氣，和鏡子裡的影像爭吵，用喙去啄牠，但是不管怎麼吵，能不能把鏡子裡那隻鳥的影像消滅掉呢？不能！那怎麼樣才能把影像消滅掉？當這隻鳥自己飛走時，鏡子裡的影像就不存在了。

　　一樣的道理，當證悟了如來藏實相的時候，煩惱自己完全消滅，再也不存在，所以煩惱不是所應斷，不必把它斷掉，因爲就像鏡子裡的影像，不必把它斷掉，當證悟了如來藏實相的時候，煩惱自動消失，完全不見，就像鏡子裡的鳥就消失不見了。

　　一樣的道理，如來藏和煩惱是不是像把一杯水倒進另一杯水裡，它們的本質完全混合在一起呢？不是！是不是像太陽和太陽放射出來的光芒，二者無二無別呢？也不是！爲什麼不是混合在一起成爲一個，也不是無二無別呢？因爲煩惱本來就不能夠成立，煩惱只是一個迷惑錯亂的假相而已，但是如來藏的本質是：涅槃的法、佛身、佛的本智、佛的功德，這一切都包括在如來藏裡，在如來藏裡呈現出來的。

　　但是輪迴的萬法也是由如來藏而形成，六道眾生內心的煩惱八萬四千種，這八萬四千種的煩惱也是由如來藏而形成，不認識如來藏、不了解之故，形成了這許多煩惱，所以如來藏稱之爲「浩瀚」，浩瀚的意思就是指由如來藏形成輪迴的一切萬法，由如來藏形成涅槃的一切萬法，全部都是由如來藏而來，

所以用浩瀚來稱呼。

因此，如來藏的實相是什麼樣子，上師直接做一個指示，指出它的實相是如何如何，弟子按照上師指示，內心相信：「喔，確實是這樣！」信心非常強烈，當信心非常強烈之後，按照這個方式觀修，透過不斷地實修，到了某一天，發現和上師所開示的完全一模一樣，和典籍裡所講的完全一模一樣，確實就是如此，這個時候稱為「契入大圓滿見地的本來面貌」（契入本貌）。

整個的過程就是上師所說的心性直指，直接指示，不是說我把一個東西拿出來，交到你手中說就和這東西完全一樣；或者說是用手指頭直接指出來，也不是這樣；或者說像媽媽把食物放進兒子嘴巴的方式，也不是。開示的方法不是用這種方式進行。

佛陀曾經說過，眾生的痛苦我不能用我的手把這些痛苦滅掉，也不能把我內心的證悟功德直接放到眾生的內心裡，使他的痛苦消滅掉。佛陀又說了，去除眾生痛苦的方法是什麼呢？就是：罪業是什麼什麼，把罪業滅掉的方法是什麼什麼；善業

是什麼什麼，行善業的方法又是什麼什麼；把善惡取捨的方法詳細的說明，所調伏眾如果按照這些方法確實做到，痛苦就完全滅掉了，除此之外，沒有任何其他方法能夠滅除痛苦。

觀修是智愛光也

།སྒོམ་པ་མཁྱེན་བརྩེའི་འོད་ཟེར་ཡིན།
觀修是智愛光也

接著要就觀修的部分作簡略的開示。

見地就好像是食物非常好吃，吃了這個食物，肚子一定會飽，內心產生了這種相信，堅決地相信，這就稱為見地。不過相信這個食物非常豐盛，吃了一定會飽，僅僅只是相信產生了見地，有沒有什麼實際用處呢？沒有！接下來要去吃這個食物，真正吃了，自己的肚子才會飽，對身體才會有用處。

一樣的道理，見地裡談到見地是如何如何，相信了，知道這是見地，確實是如此，堅決沒有懷疑。即使這種相信產生

了，也沒有什麼實際用處。當我們相信並了悟了這個見地之後，接下來就要進行觀修，按照所相信的見地觀修，之後才能夠斷掉內心的煩惱，對消滅內心的煩惱才有用處可言。

譬如一個醫學院的學生學習醫藥知識，學習開刀手術，當他學習了很多，也深入了解各種疾病動手術時如何開刀、如何治療，這種病就能治療好，這些他都了解了，沒有懷疑，也完全相信了，這就是見地。

但這個新醫生，了解是了解了，也知道得非常清楚，不過沒有實際經驗，當他第一次開刀時，還是會非常忙亂，慢慢地，開刀的次數越來越多了，經驗累積越來越多了，開刀技術才變得非常熟練，這個就像觀修。

現在我們也是一樣的情況，在見地這個部分已經知道了，了悟了，接下來要就所了解的這個部分，等置在這個見地上，不斷地進行觀修。

剛開始等置在見地之中進行觀修時，可能腦子裡什麼想法都沒有，或者是想法多得不得了，妄念紛飛，實際上大多數的時間都不能夠維持在見地裡，不能保任在見地裡，偶爾才能夠

安住在見地裡短暫的時間。這種情況就好像是新手醫生，雖然之前學習了很多，第一次進入開刀房還是非常忙亂。

直到逐漸地禪修，慢慢有經驗了，禪修起來也就不會這麼辛苦了，而且禪修的時間持續很久之後，心逐漸能夠安住在見地上，而且心安住在見地上的時間也能夠持續越來越久，就好像是吃了食物肚子就飽了。

慢慢地，在來來往往各地走路時，仍然安住在見地之中，心識也沒有渙散，如此繼續不斷實修，逐漸進步，慢慢地，衣食行住坐臥，無論做任何事的時候，始終都安住在見地之中，那這個就是觀修的力量非常強烈了。

總而言之，觀修就是指自己不斷地維持在所了悟的見地的狀況之中，沒有受到妄念的調整改變，沒有受到妄念的干擾，不斷地維持在見地的狀況裡，這是保任見地的一個功夫。

當安住在見地上時，也許有妄念出現，但是妄念自己會消失掉，除此之外，不應當對妄念產生貪戀、產生執著，或者是追逐妄念而去。如果產生一個妄念，為了要追逐妄念又產生第二個妄念、第三個妄念，這樣的觀修就不是一個好的觀修了。

最上等的觀修者，當然是妄念絲毫都沒有產生，次等的觀修者，是妄念產生了，不過妄念一產生的第一剎那沒有第二剎那，第二剎那也沒有第三剎那，妄念產生了，讓妄念自然的消失掉了，這也是非常好的一個實修者。如果妄念產生妄念自然消失掉，那妄念對禪修絲毫不會有任何傷害，也沒有任何阻礙，這種妄念也不會導致我們造作惡業，因為妄念出現就消失了。

這種妄念以前我們曾講過一個比喻：「空屋逢盜」。

如果一間空盪盪的房屋遭逢小偷，主人有沒有受到什麼損失呢？根本沒有！因為它是一間空屋嘛，小偷沒東西可偷，主人根本沒有任何損失。

一樣的道理，如果妄念出現的時候，對妄念沒有貪戀執著，妄念又自己自然地消失掉，這種妄念不會製造出任何傷害，這時由於妄念沒有任何傷害之故，所以仍然能夠繼續安住在所了悟的見地之中，能夠保任在見地的狀態裡，不斷地持續下去。見地的狀態不斷地持續就稱為「觀修」。

總而言之，這裡所談到的見地，實際上指的是內心的實

相，就內心的實相而言，當然我們口中經常談到要觀修內心的實相，講是這樣講，不過真正去觀修時，並不是像我們講的一樣，真正有一個內心的實相可以來做觀修，為什麼呢？因為內心的實相沒有顏色、也沒有形狀，無論顏色或形狀都不能夠成立。

大圓滿的實修者經常談到一句話，就是「無修之修內心不渙散」，如何來做實修呢？實修就是不必實修了，內心也都沒有渙散。

寧瑪派一位古代的成就者名叫素瓊謝喇扎巴，他有一點名氣後，有位格魯派的格西想找他辯論，就去拜見他，第一句話就問：「你們寧瑪派最重視的主要就是禪修囉！」他的意思就是問這個問題看你怎麼回答，等你回答後，找你話裡的把柄，之後我再來辯論。問完後，謝喇扎巴答覆：「不知道要禪修什麼，沒有什麼可以禪修的。」格西又問：「那你的意思就是不用禪修不必做實修囉！」意思也是看你怎麼回答，回答後我再從中找毛病來辯論。謝喇扎巴回答：「那心有渙散嗎？」格西聽了，覺得這一問一答實在非常奇特，問他主要是禪修嗎？也

不是禪修，那不用做禪修嗎？可是心思又沒有渙散，所以對謝喇扎巴就產生了信心，打消辯論的念頭，向謝喇扎巴請求了很多教法，聽聞了很多禪修的開示。

所以大圓滿的實修者經常談到這句話，就是「無修之修內心不渙散」。

在印度南部貝諾法王寺廟的佛學院一般要讀九年，九年裡要學習的課程很多，我們在學習時，謝喇扎巴所講的這句話讀過很多次。大家都知道，就是我要禪修什麼？我要做觀修嗎？我的心有渙散嗎？學生時已經聽過太多次了，之後年紀稍微大一點，向法王求法，請求心性直指時，法王做了開示，之後前面這兩句話才真正進入到自己的內心裡，那時的體會就真的是非常深入，才真正能夠體會到什麼叫「無修之修」，什麼叫「心思有渙散嗎？」內心產生不共的體會。

我個人不管是向法王請求心性的指導，還是向堪布阿秋請求心性的指導，他們都有講到這個句子，當講到這個句子時，因為我自己也按照心性指導做了實修，所以對這個句子所講到的內容，才會產生很強烈的不共體會，非常非常特別的體會。

　　現在大家也是如此，如果只是看一看書本或聽一聽講解，自己從來沒有禪修過，那麼，了解是了解了這個詞句，但對詞句裡所談到的內容不會有很深入的體會；但是也不能因為沒有很深入的體會，沒有產生很強烈的信心，就說：「那我不要學了，我把它丟掉算了。」不能夠這樣的。

　　對所講過的這些教法雖然沒有實修過、沒有深入的體會，但是自己應該要一步一步地去做實修，慢慢地進步，體會就會越來越深刻，越來越深入。這時內心一定會產生和以前完全不相同的不共的信心，不共的體會。

　　我在佛學院讀書當學生時，老師堪布開示之後講課，每天有時上三堂課、有時上四堂課，下課後回到寮房，自己要複習當天上過的課程內容。首先要先祈請文殊菩薩，唸誦文殊菩薩的祈請文；祈請上師，唸誦上師祈請文；之後再去看當天老師堪布所講的內容，要看四次、五次，之後對詞句、對內容才會有深入的了解。但是有的學生大概只看一次、兩次而已。

　　那時候有一位老師堪布叫達塞，達塞堪布很有名，他說當他還是佛學院學生時，老師上完課，下課後回到寮房，學生都

把老師上過的課至少看二十次以上，所以達塞堪布說：「我們當學生時最少的是看二十次，現在你們這些學生也應該如此，最少也要看二十次。」

如果和達塞堪布當學生時讀二十遍以上比起來，我當學生時只讀三遍、四遍實在是太少了，不過如果跟你們現在相比，你們可能覺得讀三遍、四遍太多了，有可能大家就只在中心聽了一遍，回家後，就沒有再複習了。但這還是比沒有聽過好一些，因為沒有聽過根本完全不了解，你們至少也聽過一次了。不過話說回來，所上過的課程內容，還是要一看再看，一定要看很多次，這是非常重要的。

還有，看書時不是拿起來就看了，務必一定要先祈請文殊菩薩，祈請上師，內心要產生強烈的信心、恭敬心，之後再開始看書，如果這樣去看書，一定會對內容產生不共的體會，會了解得很深入。

曾經有兩、三位台灣的出家師父到我這裡來請法，學習「嗡啊吽」實修。從他們問問題的方式和內容，我覺得他們可能是法師。法師就是在教導人，對不對？但雖然是法師，可是

從他們問的問題，我感覺他們對佛法的內容和對佛經的了解都不是很深入，有這種感覺。

因此我們就知道了，看書時要有強烈的信心，要有恭敬心，要誠懇的祈請，之後再去看書，看的時候也不是只看一次、兩次，要一而再、再而三複習，要看非常多次，應當這樣子，才能對書的內容了解得很深入。

還有我讀佛學院時，我們學生看書也不是只用眼睛看，同時還要大聲唸，唸完了，看老師堪布他是怎麼講解的，我也照他講解的內容和方式，自己再講解一遍，是這樣子去學習的。因為當學生時間很多，所以用了各種方式學習，只有這樣，才能夠把教法的內容和書本的內容學習得很透徹。

接著講觀修，觀修可以分成兩種：在見地上尋找觀修，在觀修上尋找見地，分成這兩種情況。

首先第一種，在見地上尋找觀修，是指上師做心性直指，講述了內心的實相，針對上師所解釋的內心的實相是什麼，自己仔細地去分析，發現上師所指示的內容和自己做的邏輯推理分析，互相隨順，完全符合，因此內心產生了相信，認為確實

是如此，這是得到了「見地」。得到見地後，就等置在見地的意義當中，這稱為「觀修」。也就是說，產生見地之後，等置在見地的意義之中觀修，所以是「在見地上尋找觀修」。

第二種類型，在觀修上尋找見地，是指把安止禪定的方式再三學習，不斷地禪修之後，欲界的心也能夠寧靜了，得到了安止，之後，色界的心也能夠寧靜了，無色界的心也能夠寧靜了，總之都得到安止了，之後再去思惟空性的見地，再去尋找內心的實相，對於什麼是空性？內心的實相是什麼？再用各種各類的邏輯推理分析去了解見地，如果這樣做，就是「在觀修上尋找見地」。

這兩種情況裡，我們《三句擊要》的方式是什麼呢？因為《三句擊要》一開始就講見地是大界浩瀚，接著講觀修是智愛光，所以方式應該是在見地上尋找觀修，這個方法，是屬於上等利根者觀修的方式。

在見地上尋找觀修，就此而言，見地是指內心的實相，內心的實相是什麼形狀呢？是圓形、方形、三角形嗎？顏色是什麼？是紅、黃、白色嗎？仔細去做分析，內心的實相說它是有

也了不可得。了不可得的意思就是沒有了，沒有的意思就好像我們把眼睛閉起來，手臂在前面虛空中揮來揮去，毫無阻擋一樣，那就是空空洞洞什麼都沒有，所以仔細分析內心的實相，說它是有也了不可得，那麼是不是就像這種無呢？像空空洞洞的房子裡什麼都沒有，像虛空什麼都沒有，是不是這種無呢？也不是！

內心的實相是空分，還要加上本然智慧的明分，雙運結合在一起，所以佛陀薄伽梵成佛時講了一個偈子：「深寂離戲光明且無為，有如甘露之法我已得，任向誰說皆不能了解，應當莫說而住森林中。」所以佛陀曾經講過了，內心的實相是什麼呢？是甚深、是寂滅、是遠離戲論、是光明，光明就是指本然智慧，而且它是無為法。

我們有六根「眼、耳、鼻、舌、聲、意」以及六識「眼識、耳識、鼻識、舌識、聲識、意識」。凡是眼睛看到的，耳朵聽到的，六識所能夠接觸到的對境，都是無常法，都是實有法，這種無常法和實有法，剎那剎那不斷在改變，變來變去，所以它是無常，因此這不是我們的心所能相信、所能寄託的。

　　內心的實相不是這個樣子，內心的實相不是無常法，也不是實有法，也不是物質體。如果我們能夠了悟內心的實相，知道了，之後安住而觀修，對這點自己產生了相信，這就稱為正見。得到這個正見後，自己就會非常地相信，這個是正見，靠著這個正見我能夠成就佛果，這個正見就是內心的實相，不是其它者，我所了悟的這個見地，內心的實相，不是只有我有，一切眾生的內心也都有，自己也會如此相信的。

　　我所了悟的這個見地，內心的實相，雖然一切眾生的內心都有，可是他們都不了解，而且雖然我了悟了，不過我了悟的這個見地，內心的實相，不是我了悟時發現它，把它製造出來，實際上它早就已經存在了，原來就已經存在了，我只不過是現在了悟而已，這種相信也會產生。

　　因此，對於一切眾生的悲心會不由自主、自然而然地流露，為什麼呢？

　　因為我所證悟的這個見地，是我內心的實相，是我所擁有的，和我所擁有的內心實相完全一樣，一切眾生的內心也擁有，只不過他們沒有了悟而已，因此，這些眾生多麼地可憐。

這些眾生沒有了悟內心實相的原因，第一：他們沒有遇到具德上師做心性直指。第二：就算有遇到具德上師做了心性直指，但他們對上師沒有信心，不相信也沒有努力去做實修。第三：遇到具德上師做了心性直指，自己也有信心，也去做實修，但是因為以前的業障非常沉重，因此不管如何努力實修、還是不能夠了悟。對這樣的眾生，當然我們的悲心不由自主，自然而然地就流露出來。

因此，一個人如果了悟內心實相是空性的時候，對眾生的悲心自然地就流露出來，這個時候是空性和悲心雙運結合在一起的內心的實相。

我所證悟的這個見地，是我自己內心所擁有的，我自己已經了悟了；同樣地，這個見地、這個內心的實相，一切眾生也都有，只不過他們沒有了悟。

舉一個比喻，譬如兩個乞丐，貧窮無比，三餐不繼，經常沒有飯吃，有一天，其中一個乞丐睡覺時作夢，一個神仙告訴他：「你房子底下有一塊大黃金，你把黃金挖出來賣掉，就不愁吃、不愁穿，生活就不用辛苦啦。」在夢裡得到這麼一個授

記預言，隔天醒來，他馬上挖開地，找到黃金，拿到市場變賣得到很多錢財，生活變得很充裕，不愁吃穿了。

第二天晚上又做了一個夢，神仙說：「就像昨天我給你的指示一樣，你隔壁那個乞丐他的屋子底下也有一塊黃金，你明天趕快告訴他，叫他也像你一樣把黃金挖出來賣掉，那他就也不愁吃、不愁穿啦。」

隔天他醒來，去找鄰居時，那個乞丐因為飢餓過度已經餓死了，這時候這個乞丐覺得非常難過，想說自己第一天作夢時，如果神仙同時說我和隔壁乞丐的房子裡都埋有黃金，然後我立刻去告訴他，他就不會餓死了，可惜是早一天夢到我的房子有黃金，隔一天才夢到他的房子有黃金，就差這麼一天，慢了一天，他餓死了，多麼地可憐啊！這時候想一想自己以前沒有吃、沒有穿的痛苦，然後自己得到黃金後這些痛苦都沒有了，再想一想那個乞丐和我以前受到的痛苦一模一樣，如果提早一天他就不用受到這些辛苦，就差這麼一天他死掉了，自己想一想覺得非常難過，悲心不由自主自然地就產生，自然地就流露出來。

　　和這個比喻一模一樣，現在內心的實相就是見地，我證悟了內心的實相，知道這個內心的實相我本來就已經有了，眾生的內心也都有，但是他們都沒有了悟，為什麼呢？可能是沒有遇到心性直指的具德上師，當然沒辦法知道；或者就算是遇到了具德上師做了心性直指，由於自己輪迴以來所累積的業障非常沉厚，所以不能夠了悟；或者就算業障不是很沉厚，因為這輩子的習氣非常懶惰，信心也不夠強烈，雖然具德上師做了心性直指，自己卻沒有精進學習，所以還是沒有了悟。就好像隔壁乞丐，地下埋有黃金，可是最後還是餓死了，眾生也是如此，內心是有內心的實相，可是還是不能夠了悟，因此還要受到輪迴的痛苦，多麼地可憐，所以，當自己了悟了見地，了悟了內心實相的時候，對眾生的悲心一定會不由自主，自然地流露出來。

　　悲心稱為安止，為什麼悲心稱為安止呢？因為當這個悲心流露出來時，所緣取的對象只有眾生，沒有任何其他者，也沒有緣取自己的利益，只有專一在緣取眾生上，所以把它稱為安止。

我們前面講觀修有兩種情況，第一個在見地上尋找觀修，在見地上之後達到安止。第二個在觀修上尋找見地，已經得到安止了，在這個基礎之上再進一步地去尋找見地，所以空性、悲心雙運結合在一起也是止觀雙運。止觀雙運這個「觀」意思就是勝觀，證悟了內心的實相，這稱為「勝觀」。證悟內心實相時和自己證悟的內心實相完全一樣，眾生全部都有，只不過他們沒有了悟，多麼的可憐，不由自主流露出悲心，這個悲心是「安止」，所以安止和勝觀雙運結合在一起實修，自己的內心一定是這樣的，空性和悲心一定是結合在一起的。

所以，把它稱為「空悲雙運」也可以，把它稱為「止觀雙運」也可以，名詞不同，意思完全一樣。

這裡所談到的見地這些內容，在顯教中觀的書裡也談到，不過就小乘來講，小乘當然也有安止也有勝觀，可是比起小乘所講的安止和勝觀而言，大乘顯教裡所講的安止和勝觀，要殊勝很多，比起大乘所講的安止和勝觀而言，大圓滿所提到的安止和勝觀，又更加殊勝！

大成就者薩拉哈曾經說過，如果欠缺了空性、悲心雙運的

實修，不可能成就佛果，如果欠缺了空性、悲心雙運的實修，也不是正確的大乘道路，因此在了悟見地之後，對所了悟這個見地的部分，應當安其上來做觀修，所以見地上尋找觀修，這是我們《三句擊要》所用的觀修方式。

　　巴珠仁波切寫的時候配合上師的名號做講解，所以觀修是什麼呢？觀修是智愛光，智是見地，是勝觀，愛心是安止。在智慧了悟見地的時候，同時還要對眾生不由自主地流露出愛心、悲心，所以在見地上尋找觀修。見地觀修之外還有一個本智的毫光，本智的光明。我們觀修見地時，有空性、有智慧還有對眾生的悲心，還有本智的毫光。所以我們要去了悟見地，要努力實踐觀修，同時把所了悟的見地努力去實踐做觀修，如果能這樣見地觀修合在一起，這個就是成佛的原因。

　　以上是針對觀修所做的簡略說明。

行持是勝者苗芽

།སྤྱོད་པ་རྒྱལ་བའི་མྱུ་གུ་ཡིན།
行持是勝者苗芽

行持就是行為，這個行持指的是利益眾生的事業，不過，這個行持是指在見地和觀修雙運結合之下，那麼利益眾生的事業如何進行呢？不必進行，因為它自然地達成，利益眾生的事業自然就形成了。

為什麼呢？因為當我們在實修的時候，譬如修法時，首先要發起菩提心，在眾生沒有成就佛果之前，我要不斷地利益眾生，大家經常發起這種大乘的菩提心，不斷發菩提心發願迴向等，靠著這些能力，將來有一天，我們成就佛果或者是登入聖者地，這個時候利益眾生的事情根本就不需要辛苦勞累，而是水到渠成自然就形成了，為什麼會自然形成呢？因為以前學法的時候，在學道位時，不斷地行各種善根，然後迴向發願要如何利益眾生，因此到證得聖者地證得佛果時，這些願望的力量

實現，所以利益眾生的事情，水到渠成，自然就達成了，不必花任何力氣。

譬如用槍打靶，只要扣板機，之後這子彈就飛出去了，子彈飛出去的時候，要不要人去控制？要不要人去推它？根本不需要！子彈一離開槍之後，有它自己的力量，這個力量就讓它繼續不斷地持續飛，直到力量結束，中間完全不必用任何其它的力量推動，它會不斷地繼續進行。

一樣的道理，當我們在學習佛法的過程當中，不斷地辛苦勞累做各種善行，之後把善行廣大迴向，發願祝福一切眾生，發願也好、迴向也好，等到將來自己成就佛果的時候，登入聖者地時，這些發願迴向的力量成熟了，因此利益眾生的事業自然就達成了。

米滂仁波切即將涅槃時，弟子請求上師無論如何有一位轉世化身，米滂仁波切說：「就我個人而言，是不需要轉世化身的，沒有這種想法（因為米滂仁波切希望投生淨土不要回來），不過因為我以前發願迴向祝福的力量，如果眾生業力和緣分都齊備，我的願望的力量形成轉世祖古，是非常有可能

的。」

就像這個情況一樣，雖然他是住在淨土，但是因為以前學道位的時候，經常發願，隨順所調伏的眾生，我要好好地利益他們，不斷地發起菩提心，所以假設現在所調伏的眾生，業力、緣分都非常齊備，就算是自己（米滂仁波切）住在淨土，也會化現出一個轉世化身的形象，這是由於所調伏眾的信心誠懇祈請之故而示現出來的，這時並不需要因為自己已經住在淨土，還想我要變出一個化身去利益他們，根本不需要也不必有這種想法，也不必這樣辛苦勞累，順著所調伏眾他們的祈請、他們的信心、他們的渴求，自然地就示現出一尊化身去利益他們，這是因為以前願望的力量成熟之故。

關於行持的部分，分成初機者的行持、成就者的行持和佛的行持。佛陀自己都曾經開示過了，如果是初機實修者，不能夠做成就者的行持，如果是成就者，也不能夠做佛的行持，這是有所差別的。

譬如有人還在凡夫地，只是一個凡夫，沒有神通，但是裝出有神通的樣子；沒有神變的能力，但是裝出自己也有神變的

力量；沒有見到本尊，但是說自己已經見到本尊了，見到古魯仁波切，見到釋迦牟尼佛，裝出這些行為，但都是假的，不是真的，這是詐騙，這樣就不好了。

實際上，佛和菩薩的行持是不一定的，外相上看起來，有時候是清淨的行持、好的行持，有時候是不清淨的行持、壞的行持，有時候是寂靜的行持，有時候是威猛的行持，有時候是大富大貴人的行持，有時候是乞丐的行持，譬如密勒日巴，不管在什麼時候，始終都沒有衣服和食物，始終都是乞丐，他是乞丐的行持。又譬如西藏古代的國王松贊干布，是觀世音菩薩的化現，是登地以上的聖者，但是他的行持是國王的行持，看起來像國王的樣子，財富無人能比，是一個大權勢的國王。

松贊干布掌政時，中國有兩位出家師父，見到文殊菩薩預言授記：「如果你們要見觀世音菩薩，去拜見西藏的國王，就會見到觀世音菩薩了。」他們就去了，到了西藏國王的宮殿附近，看到很多人被綁起來，有的手被砍斷了，有的腳被砍斷了，兩位師父心想：「如果是觀世音菩薩怎麼會做這種和佛法相違背的事呢？觀世音菩薩的化身不可能做這種事啊！可見我

們兩人所看到的文殊菩薩是魔鬼化身,做了顛倒錯亂的預言授記。」心裡這樣想。

這時松贊干布以神通知道了,立刻派人把兩位師父請來,對他們講:「西藏是個偏僻蠻荒的地方,不知道什麼叫法律,不知道什麼叫行善去惡,如果不用這種方法,沒辦法讓他們服從法律,沒辦法使他們的行為中規中矩,而且你們在宮殿外所看到的這些景象,也只是我所變化形成的,不要說傷害人的事我不會做,就連殺死小蟲我都從來沒做過呢,不信的話,你們再去看一看。」

兩位師父聽了松贊干布的話後,到宮殿外面再看,之前所看到的景象完全不見了,根本就沒有。

又譬如中國家喻戶曉的濟公和尚,在廟裡吃狗肉、喝酒,可是廟裡其他師父又穿著法衣,又在法座上講經開示,完全持守戒律。所以不清淨的行持和清淨的行持,各種各類的行持都有。

又譬如那諾巴遇到空行母授記,說:「如果你要今生成就佛果,你要去找印度大成就者帝諾巴。」那諾巴就按照空行母

的授記，歷經千辛萬苦，前往印度尋找帝諾巴，他來到預言授記的地方，問人要找一位大成就者帝諾巴，這人回答：「我們這個地方從來沒有聽過大成就者帝諾巴，但是帝諾巴這名字倒是有的，有一個是富翁帝諾巴，有一個是乞丐帝諾巴，如果你要找富翁帝諾巴，就住在對面那間大房子裡；如果你要找乞丐帝諾巴，就是在河邊捕魚吃魚的那個漁夫。」

因為那諾巴是一個大博士，他心裡這樣想：「如果是一位大成就者，那麼在河邊的那個漁夫比較有可能。」所以他就前往河邊，到了後立刻五體投地禮拜漁夫，並請求開示：「請你開示即身成佛的口訣！」漁夫哈哈大笑說：「我只是一個乞丐，我殺了魚把魚吃了，一個罪大惡極者，你何必來對我頂禮呢？」那諾巴什麼話都沒講，心裡完全沒有懷疑，繼續請求：「請你對我開示即身成佛的口訣！」最後，帝諾巴給他開示了即身成佛的口訣，那諾巴一輩子成就了佛果。

所以行持是不一定的，佛菩薩成就者外表的行為不是固定的，有時候是清淨的行為，有時候是不清淨的行為，各種各類不一定，只是普通世俗凡夫很容易以貌取人，有時候依於外表

的行持很容易產生信心，也很容易依於外表的行持信心完全退轉，看到不好的行持就認為他的見地不好；看到好的行持就說他的見地非常純正非常好，其實是不一定的。

在很早之前，古魯仁波切就曾經授記過敦珠法王：「未來在貝瑪貴這個地方，金剛亥母的壇城之中，敦珠法王的化身會投生在這裡。投生時他外表的行持就是一個凡夫俗子、在家人的行持，見到他的在家人外相時，若對他的信心和誓言完全沒有退轉，這種人就可以投生在我的國土。」蓮花生大士曾經這樣預言過。

後來敦珠法王出生了，和這個預言完全一樣，他是一個在家人的行持、在家人的行為。

在貝諾法王出生之前，也是早就有大圓滿的成就者預言過他出生的地方叫波窩。貝瑪貴分成外和內，波窩這地方屬於外貝瑪貴，大圓滿的成就者預言貝諾法王出生時，爸爸是什麼名字，媽媽是什麼名字，他是猴年出生的，而且是成熟教眾，能夠廣大利益眾生，廣大弘揚教法等，這些徵兆講得非常清楚。之後他出生時，真的和預言講的一樣，實際上在沒有出生之

前，就已經有這個預言，就是根據這個預言尋找他的。後來貝諾法王蓋的佛學院和閉關房，光寺廟裡的出家人就有三千多人，所以他的行持是非常純淨的出家人行持。

我是 1996 年去了藏區，在白玉寺當堪布，那時有一位西藏法友告訴我：「西藏的習慣和別的地方不一樣，你是堪布，去了要裝做什麼都不會，要非常謙虛，知道了也說不知道，這樣的話，人家就會說這個堪布沒有傲慢之心，對你的信心就會非常強烈、非常崇拜你。」

不過我去了沒有照這位法友的話去做，而是「知道就說知道，不知道就說不知道」。

還有到台灣來的時候，也有台灣的師父告訴我：「你的行為一定要和台灣的師父一樣，晚上不要吃飯、不要吃肉。如果你跟台灣的師父一樣，人家就會崇拜你，覺得你的行持非常好，對你的信心就會非常強烈。」

這些都是善良的忠告，都說要怎麼樣做，才能讓別人產生信心，不過如果為了讓對方產生信心，為了讓對方喜歡我而做出他所喜歡的行為，這只能算是狡詐，不是正直。當然，在他

的想法裡，這是一個善的行為、一個好的行為，我做出來給他看，故意晚上不吃飯也不吃肉，但實際上這是一個狡詐欺騙的想法，這樣的行為就不能算是一個正直的行為，這是因為要討好對方而故意裝出來的。

一個實修者，無論如何他的行為應當要非常正直。

但是我們前面提到的，很多佛菩薩的行持，有不清淨的行持、有清淨的行持，各種各類都有。在大圓滿的教法裡，我們也曾經談到，例如地獄的行持，全身像被火燒著一樣大吼大叫，這是熱地獄。還有寒冷地獄的行持，身體寒冷發抖也有的；所以像鬼道的行持、人道的行持、阿修羅的行持、天神的行持，這些都是屬於祕密的行持；或者清淨的行持，例如布施、持戒、安忍、講說教法或頂禮等，這些都是屬於清淨的行持。

《三自解脫論》談到：到一個非常荒涼的地方，大吼大叫；或者是到一個屍陀林墳場，不由自主產生悲心；或者到一個讓人傷心難過的地方，內心產生憂慮；或者是到一個很快樂的地方，唱歌、跳舞非常快樂，行為各種各類。有的是清淨的

行持，有的是不清淨的行持，外表上看起來是一個善的行持，裡面可能不善，這種情況也有，外表上看起來是一個不清淨的行持，內在可能是純淨的是善的，這種情況也有。

譬如我們唸誦佛經，聽聞教法，做各種課誦，拿著念珠唸咒語，外表上看起來是一個善的行持、一個清淨的行持，但是應當要了解：行持是不一定的，有時候看起來是善的，裡面可能不好；有時候看起來不好的，內心可能是善的。所以行持沒有一個固定的標準，最重要的是不能以貌取人，如果從外表的行持看，不善不好的，就毀謗上師，那可能會導致嚴重的過失。

古代的成就者賈納殊扎，一般翻譯為「智經」，智經得到本尊的預言說：「如果你想一生成就佛果，要到清涼屍陀林（即墳場）去拜見文殊友。」智經就去了，看見文殊友穿著在家人衣服在耕田，還有太太，看起來不像是一個成就者，頂多只是一個在家咒士，因此智經沒有對文殊友產生信心，這一天他就只是坐在文殊友家裡讀密咒典籍。

但是每當智經讀到有疑問、不太懂的地方時，文殊友的太

太（其實是空行母）就愁眉苦臉皺緊眉頭，表情態度不太一樣，連續幾次後，智經心想：「喔，這個人大概有神通，她可能是真正了解的。」就問：「我對密咒典籍裡的幾個句子有一些疑問，能不能請你給我解答呢？」空行母回答：「剛剛走出去的那個老先生是一個大博士，你請問他就可以得到解答。」

等了一會兒，文殊友回來了，一身酒味，東倒西歪走進來，智經沒辦法問，因為文殊友已經喝醉了。

等到晚上，文殊友吃了魚，又把魚丟給狗吃，狗吃後嘔吐，吐出一堆髒東西，文殊友半醉半醒地指著嘔吐物對智經說：「趕快！你把那些東西吃了吧！」智經看著那堆嘔吐物，不知道怎麼吃，便沒有回答。文殊友一看智經的表情就說：「喔，你這個人太會胡思亂想了。」轉頭告訴太太：「這個人喜歡胡思亂想，你要煮乾淨的東西給他吃。」

這個時候，智經趕緊請求文殊友開示密咒乘的教法，文殊友說：「你要學習密咒乘的教法，首先要灌頂。」智經說：「我已經得到過很多灌頂了。」文殊友說：「是啊，是啊，你得到很多灌頂了，可是要聽我講解佛法，你要得到我的灌頂才

可以。」

　　所以給智經做了密咒乘的灌頂，灌頂時，文殊友迎請瑪哈瑜伽的本尊壇城聖眾降臨前方虛空。本尊出現後，文殊友問智經：「你現在要請求灌頂，是要向上師請求灌頂，還是要向本尊請求灌頂呢？」智經一看，前方虛空出現瑪哈瑜伽的本尊壇城聖眾，壇城底下是文殊友，穿著破爛的衣服，太太站在旁邊，又帶著一隻狗，心想：「這個上師看起來不怎麼樣，大概可以常常看到。這個本尊從來沒看過，這次好不容易竟然看到本尊。」於是他回答：「我向本尊請求灌頂。」剛講完，文殊友一彈指，本尊消失不見了，對智經說：「那你就慢慢等，你自己向本尊請求灌頂吧！」

　　智經非常後悔，立刻跪下向上師懺悔，並再三地懇請，最後文殊友才答應給予灌頂。灌頂後，文殊友就說了：「因為你對我外表的行持沒有信心，所以你這輩子不會成就佛果，要到中陰的時候才會成就佛果。」

　　密勒日巴第一次去拜見瑪爾巴時，瑪爾巴也是穿著破破爛爛的衣服，在田地裡耕作，同時準備了很多酒在喝。可是密勒

日巴第一次看到瑪爾巴時，信心絲毫沒有退轉，因為這個緣故，密勒日巴一輩子成就了佛果。

有些剛接觸密宗的新弟子很容易從外表的行持突然間就產生信心，例如看到廣告宣傳單寫得如何又如何，馬上信心就產生了，然後一接觸後，又很容易從外表的行持信心又完全消失不見。

所以要好好地了解，不能光從外表行持的好或壞、清淨或不清淨判斷。但是無論如何，如果自己是一個佛法的實修者，口中所說的、手裡所做的，是如何就是如何，一定要正直，如果不正直的話，那就沒有用處了。

密勒日巴有一次走到一間寺廟，廟祝不讓他睡廟裡，叫他睡在廟祝住的屋外。晚上睡覺時，廟祝睡不著，輾轉反側想著有一頭牛正要賣掉，左腳的肉可以賣多少錢，右腳的肉可以賣多少錢；左手的肉可以賣多少錢，右手可以賣多少錢，牛肚可以賣多少錢，牛頭可以賣多少錢，牛耳朵可以賣多少錢。一路算下來，才要算牛尾巴時，公雞叫了，天亮了，只好趕快起來，上大殿供燈、頂禮、打開法本做早課，把儀軌都唸完了，

才回房。

　　走到門口，密勒日巴還在睡覺，廟祝把他推醒，大聲說：「你不是一個實修者嗎？我就知道你不是一個好的實修者，一個好的實修者應該像我一樣，一大早就起來，上大殿供燈、點香、頂禮、唸課誦，應該很早就起來做這些才對啊！」

　　密勒日巴回答：「實在非常抱歉，我不是一個好的行者，昨晚我睡覺時，有一頭牛要賣，左腳賣多少錢，右腳賣多少錢，左手賣多少錢，右手賣多少錢，牛肚賣多少錢，牛頭賣多少錢，牛耳朵賣多少錢，才剛剛算到尾巴，我還沒算清楚就被你叫醒了。」

　　廟祝一聽就知道這個人不是普通人，鐵定是一個神通者，不然他怎麼會知道呢，因此心裡感到非常慚愧。

　　無論如何，自己的行為是一個樣子，做給別人看的又是另一個樣子，就表示這個人的行持不正直，不是一個好的行者；一個好的行者應該行持正直，表裡如一，這是相當重要的。

　　行持，在這裡提到「行持是勝者苗芽」，行持是用勝者苗芽來做解釋。勝者苗芽就是巴珠仁波切的根本上師賈維紐古，

但是一般來講，勝者是佛，勝者苗芽是指菩薩，所以勝者苗芽也是所有菩薩的總名，這是一個總體的名稱，指一切的菩薩，也是指自己的根本上師。

總而言之，行持指的是要做菩薩的行持，菩薩的行持是什麼？菩薩的行持是廣大利益遍滿虛空一切眾生，這是我們要學習的行持，所以行持是勝者苗芽。

到此，行持的部分已做了簡略的講解。我們講行持時最主要講了很多事蹟、講了很多故事，這些故事可能大家都聽過，也都了解，不過中國有一句老話：「三歲小孩亦能懂，六十老翁行不得。」就算是大家都聽過、都懂了，但關鍵是你做到了嗎？所以，了解歸了解，實修才是更重要的。

ཌེ་ལྟར་ཉམས་སུ་ལེན་པ་ལ། ཚེ་གཅིག་སངས་རྒྱས་ལ་ཐང་མེད།

如前實踐修持時　一生成佛無辛苦

前面有關見地、觀修、行持這三個項目，已經做過簡略的講解了，雖然看起來是三個項目，分為見地一個項目，觀修一

個項目，行持一個項目，各自不同，給它取了三個名字，分成三個項目，但實際上，三者的義意就只有一個。

所謂見地，是指自己心中對內心的實相基如來藏是三身的性質這個部份，上師做了解釋說明，自己也分析思惟，發現和上師所說的一樣，非常肯定，確實如此，內心產生了相信，若內心已經產生這種相信，就稱爲「見地」。

安住在見地意義的狀態之中，不要讓各種各類的妄念產生，能夠長久等置在見地的狀態之中，這時又把它取一個名字，稱爲「觀修」。

所謂的行持是指對於前面所提到的見地的意義、觀修的意義，在恆常不離開的情況下，身體各種各類的活動，嘴巴各種各類的語言談話，內心產生信心、產生菩提心，這些是身、口、心三門的行爲，又給它取一個名字，稱爲「行持」。

總而言之，是在見地的本質上去安立觀修、行持的名稱，不是說離開見地之外，還有另外的觀修和行持，並不是這意思。因此，前面所提到的見地、觀修、行持，假設一個人上輩子曾學習過大圓滿的教法，是適當的器皿，而且緣分也都非常

殊勝，再加上這輩子都在山洞中或在山居寂靜的蘭若中，專一努力精進實修，那麼這輩子就能成就佛果，這點絲毫不用懷疑。

否亦心樂阿拉拉

就算是不能達到這個程度，自己住在都市，做世俗的事，還有父母親、兄弟姐妹，男女朋友等，互相來往，內心妄念很多，身體和語言行善業的機會很少，對和自己同黨派者產生貪戀執著，不同黨派者又產生瞋恨，內心經常受到貪戀和瞋恨的控制。在這種情況下，就算自己得到大圓滿教法的指導，也無法實修。即使如此，只要師徒之間的誓言沒有衰損，誓言能維持純淨，三輩子之後也能再度遇到大圓滿的教法，也能很容易再做實修，很容易成就佛果。

我們在灌頂那個段落的開示中也有提到，求取灌頂後，即使不能精進觀想本尊，但是誓言維持沒有衰損，七輩子之後也

容易遇到密咒乘門的教法而容易成就佛果。現在在大圓滿教法的這個段落，則是提到三輩子之後會成就佛果。

我們對於見地、觀修、行持三個項目的意義內容是什麼，在上師的跟前誠懇地請求教法，上師做了指導，自己的內心也經常思惟，廣為聽聞許多典籍，深入了解，就算自己這一輩子對教法無法精進實修，但是因為請求教法，上師開示過了，自己聽聞，閱讀典籍，知道大圓滿的見地、觀修和行持是這樣子，經常在內心反覆思惟這三個項目，同時內心對這三個項目的內容也產生了信心，早上或晚上有空時，偶爾也禪修半小時、一小時，有機會就做一點實修，因此自己的內心能朝向見地、觀修、行持三方面，三者能在內心逐漸地出現，這輩子就不容易受到世間八風的束縛，例如好聽的話、不好聽的話；有名氣、沒名氣；得到了、失去了；地位高、地位低；喜歡的、不喜歡的這一切。當見地在我們內心逐漸產生、出現時，就能達到「八風平等一味」，對世間的八風不會有太強烈的執著，所以說「八風吹不動」。

如果無法深入精進實修，不能夠達到一輩子成就佛果，內

心仍然會非常快樂，那是因爲內心對見地、觀修、行持，產生相信，因爲相信之故，自己一定會很快樂，和以前不相同；以前內心緊繃、心胸狹隘，如果在內心常常思惟見地、觀修、行持，內心一定會變得開闊、寬坦，就會很快樂、很舒服。

即使遇到順境，內心也不會得意飛揚；即使遇到困境，內心也不會沮喪痛苦。遇到困境，會想這是自己前輩子累積的罪業，現在罪業成熟，是逐漸窮盡的徵兆，因此內心會覺得快樂；遇到順緣，也會想這是我上輩子所造的善業，現在只不過是善業成熟，果報現前而已，所以內心也不會太得意飛揚。如果能達到這種情況，內心就會經常處在平穩、快樂、喜悅中。

總而言之，因爲內心經常思惟大圓滿的見地、觀修、行持這三個項目，偶爾也做一些實修，即使這輩子沒有成就佛果，內心也會經常保持平穩、寬坦、開朗、快樂，面臨死亡時也就不會恐懼害怕。

詳細的說明

　　接下來要分成三個段落，把見地、觀修和行持詳細做一個說明。

見地是大界浩瀚

|ལྟ་བ་ཀློང་ཆེན་རབ་འབྱམས་ནི། །ཚིག་གསུམ་དོན་གྱི་གནད་དུ་བརྫེག

見地大界浩瀚者　三句擊為義關鍵

　　一般來講，我們所要滅掉的是內心的煩惱，針對滅掉內心的煩惱，佛陀開示了八萬四千法門，還有初轉法輪講了許多教法，二轉法輪講了許多教法，後轉法輪又講了許多教法，開示的教法無量無邊，這些都是朝向要消滅掉我們內心的煩惱，因此，消滅內心煩惱的方法可以說是無窮無盡，非常多，可是要消滅內心的煩惱仍然有一個關鍵要點。

　　譬如要殺掉一個人方法非常多，可是什麼是關鍵要點呢？一個人攸關生死關鍵的地方就是腦袋和心臟，只要擊中這兩個地方，要殺死一個人就很容易了。

　　一樣的道理，要把煩惱滅掉的方法很多，但是要擊中煩惱、消滅煩惱最主要有一個關鍵要點，就是大圓滿的見地、觀修、行持，這三項能夠擊中煩惱的關鍵要點，如果能夠擊中煩惱的關鍵要點，要消滅掉煩惱當然就非常容易了。

　　如果要這樣把煩惱消滅掉，首先要契入見地之中。

　　舉個例子，譬如一個人從來沒有搭過飛機、看過飛機，跟他解釋飛機是用一塊一塊鐵皮還有各種零件打造出來的，有輪子、有翅膀但沒有心，可以容納很多人坐在裡面，同時機首有操作人員，操作後就能飛上天空，把人帶到很遙遠的地方，這段距離走路的話可能要走好幾年，搭飛機大約幾小時就到了。

　　如果向一個從沒搭過飛機、看過飛機的人講這些，在他內心只能出現一個粗略的印象，無法整體完整地出現，因此，內心也不能得到一個明白確定的了解，也不能產生相信。等到有一天他看到飛機，親自搭過飛機，飛機的輪廓才能在他內心完整出現，他也完全相信了，內心產生了相信，就稱為見地。

　　所以，佛陀所開示的內容，我們現在依於這些典籍的內容，我在這裡也做了解釋講解：內心的實相是如何如何，佛陀

的開示典籍裡如何講等等，但這些內心實相的內容，就大家而言，不可能完整出現，不可能全部了解內心實相是什麼，不會立刻就達到這種程度，因此也不會有完整明晰的理解，也不會有很確實的相信之心。

不過，中間經過對傳承上師再三地祈請，自己又不斷地做分析，同時又廣大聽聞、閱讀許多典籍。到了某一天，發現上師開示的內容確實是如此，典籍講的內容確實是如此，眞的是如此，內心的相信不由自主，自然而然地就出現了，這種相信之心的產生就稱爲見地。

一般來講，我們在輪迴裡就好像是機器的輪子一樣，在六道裡不斷地轉動，機器轉動的輪子也有關鍵要點，如果把關鍵要點破壞掉，不管這輪子已經轉了千千萬萬年，只要破壞了它的關鍵要點，輪子立刻就停住了。

所以內心相信所產生的見地，這個見地在我們內心裡原來早就有了，不僅如此，比我們更加糟糕的動物道的眾生、鬼道的眾生、地獄道的眾生，我們這裡所解釋的這些見地，在這些眾生的內心裡也都有，也都存在的。但是已經存在的這些見

地、這些實相的部分，要如何去了悟呢？那一定要依靠上師所傳授的口訣，透過上師所傳授的口訣而得到了悟。

在得到了悟這方面而言，就聲聞乘門來看，見地主要是抉擇人無我；如果就大乘中觀乘門而言，那就是人無我和法無我這兩個項目，同時要透過教言的內容，還有邏輯推理的方式，去做一個深入的抉擇；在密咒乘門裡，抉擇外在的對境都是清淨的，內在的有情眾生都是清淨的，也做了抉擇；密咒乘門裡也有外密咒乘門、內密咒乘門、外內密咒乘門三個，抉擇見地的方式，不同乘門的方法各種各類，非常多。

譬如有些乘門的方法是進行寶瓶灌頂、秘密灌頂、智慧灌頂，三個灌頂結束後進行第四灌頂，之後透過第四灌頂比喻本智，再由上師做直接的指示，因此得到了悟，這也是見地直指的方式，所以，見地直指的方式非常多。

不過在我們這裡是根據大圓滿的口訣方面進行，就不做廣大的解釋和說明。在大圓滿的口訣方面進行見地直指時，一般來講，有大博士觀察修的方式，有古薩里安住修的方式。前者的方式就是閱讀很多書籍，內心廣大用邏輯推理詳細分析，以

這個方式抉擇見地，這是博士觀察修的方式；後者是遁世者，離開世俗者，所以是用很簡略的、安住的方式來抉擇見地。

這兩種方法裡，我們用的是第二種。

ཁྱད་པོ་རང་སེམས་གློད་དེ་བཞག །མི་སྤྲོ་མི་བསྡུ་རྣམ་རྟོག་མེད།
首先我心置鬆坦　　不放不收無妄念

這種方式在見地直指上如何進行呢？在大圓滿的一些書裡曾談到過，抉擇所顯的一切都是內心，之後直接指出內心是空性。而我們現在在大圓滿口訣的範圍裡，作見地直指時，是如何進行的呢？我們現在有內心存在，內心也有各種各樣的妄念會出現，但這些各種各樣的妄念也有消失的時候，會慢慢散掉，就在它消失、沒有的那個時候來進行見地直指。

所以要在內心的妄念消散掉的那個時候做心性的直指，但是內心的妄念是什麼樣子呢？粗、細和浮動的妄念。粗的妄念是指當我們的內心，譬如瞋恨之心產生時，憤怒非常強烈，暴跳如雷，臉紅脖子粗，心裡要跟他打架，想要大聲吵罵，非常

的激動。這是粗糙的妄念。

有時候是一個比較微細的妄念，例如，內心動怒了，但沒有臉紅脖子粗，也沒有強烈到想要跟人大聲吵架，也沒有暴跳如雷，只是內心有點不高興，有點不太舒服，產生這樣的想法。這是細的妄念。

有時候妄念只是浮動一下而已，譬如自己打坐的時候，在修安止、修禪定的時候，粗的妄念也沒有出現，細的妄念也沒有出現，發現自己好像根本沒有念頭，其實這個時候內心有些浮動的念頭，只是自己沒有辨明清楚，還以為自己沒有念頭出現。等到禪修結束時，回憶起來想一想，哎，當時自己內心底下確實有些念頭浮動，只是自己沒有發現而已。這是浮動的妄念。

如果我們的內心有這三種妄念，無論何時都不能看到內心的實相，譬如在混濁的水裡放一塊晶瑩剔透的玻璃，同時一直去攪拌水，那麼，水始終都在混濁之中，這塊晶瑩剔透的玻璃，不管何時都看不到。

同樣的道理，如果前面提到的這些妄念不斷地出現，內心

始終都在混濁之中，那內心的實相如來藏這個部分，不管何時都不能夠了悟，就好像天空的雲朵層層疊疊很多，把太陽的光亮都蓋住。一樣的道理，因為自己內心各種各類的妄念不斷地浮現出來，當然就把內心的實相完全蓋住了。

這個時候到底我們該做什麼呢？首先要把內心放輕鬆，自己居住的處所和睡眠的地方應當沒有車水馬龍嘈雜聲，應當是在一個非常寂靜的地方做實修，這個時候內心不必紛紛擾擾去想我已經做過這件事、那件事；也不必去想未來這個計劃、那個計劃，弄得內心上下不安，非常混亂；對於現在的事情也不需要有太強烈的貪戀執著。

這個時候只要放鬆身體，安安靜靜坐著，內心也放鬆，不必去想過去、現在、未來，同時要觀想上師和古魯仁波切無二無別，對上師及古魯仁波切無二無別而做祈請；或者是觀想上師和大遍智龍欽巴尊者無二無別，對上師和大遍智龍欽巴尊者無二無別做祈請。之後，渴求上師所做的內心直指的教導這個部分，所指示的如來藏內心的實相，希望他加持我能夠得到了悟。

這個時候如果內心有不好的妄念出現，就要想：哦，我和

眾生就是因為這些不善的念頭墮入六道輪迴，不斷地流轉，遇到輪迴裡各種各類的痛苦。所以要立下誓言，以後這些惡念我都不要再讓它產生。

內心如果產生了信心、悲心，產生善的念頭時，也要了解，以前諸佛就是依於善的念頭成就了佛果，我和眾生將來要成佛的話，也是要靠信心、悲心，靠這些善的念頭成就佛果。

這樣子靜靜地坐著，把內心好好地放輕鬆，在內心放輕鬆的時候，萬一內心的妄念出現了，不要執著妄念；如果對於內心所出現的妄念不去執著，這個妄念會自己立刻就消散掉；當這個妄念消散掉的時候，後面的妄念還沒有出現，就在兩個念頭的中間，內心的實相就會呈現出來，只不過因為我們沒有禪修、沒有經驗，不能夠認識它而已。

密勒日巴曾經說過，兩個妄念的中間，有這個沒有妄念的本智存在，前面的念頭和後面的念頭中間，有一個沒有妄念的本智存在，但是沒有實修、沒有經驗的人不會認識，所以立刻就消失不見，因為後面的妄念會如潮水般洶湧而來。

米滂仁波切也曾經說過，內心的實相實在是非常輕易的，

但是因為太容易了，我們就沒有辦法知道，也沒有辦法相信，那麼要如何去了解它呢？要靠上師的口訣才能夠了悟。

因此，首先妄念出現了，在妄念出現時，妄念會自然地消失掉，在妄念消失掉的那個時候，後面的妄念又還沒有產生，就在這前和後的中間有一個空檔，這個空檔就是本智空分會出現，不過所謂本智空分這個部分出現時，它也不會像我們閉著眼睛一樣，空空洞洞什麼都沒有，還有一個自性明晰的部分，所以，這是明空雙運的部分會出現，就是內心的實相。

內心實相在那個時候會存在、會出現，這個方式是由妄念消散之處，做心性直指的方法。這個方法是指：首先念頭出現了，在念頭出現的時候，如果我們對念頭沒有執著，這個念頭自己就會消散掉；在念頭消散掉，後面的念頭又還沒有形成時，中間有一個空檔，在這個空檔的時候去認識內心的實相，這個在兩個念頭的中間空檔所出現的內心實相，是明空雙運的內心實相，它是不能夠用言語說明的。

這就像啞巴作夢一樣，如果一個啞巴晚上做了一個甜美的夢非常高興。隔天醒過來，這個夢境只能是他腦中的一個回

憶，無法向別人用言語說明。或者像啞巴吃甘蔗一樣，味道非
常甜美，但也只能是他自己品嘗而已，除此之外他無法向別人
用言語說明。

內心的實相也是這個樣子，在妄念消散之處做內心實相的
直指。

།དང་ལ་ཕྱམ་གནས་ཤོད་དེའི་དུས།　།ཐོལ་བྱུང་བློ་རྟོག་ཐད་ཅིག་རྒྱབ།

等住此況鬆坦時　驀然擊心呼一呸

།དྲག་ལ་ངར་ཐུང་ཨེ་མ་ཧོ།

猛烈力短耶瑪霍

所以在觀修的時候，內心許許多多的善和不善的妄念都出
現了。出現時，對這些念頭絲毫不要有任何執著，它會逐漸地
消散掉。在這中間就會有明空雙運的本智出現，當明空雙運的
本智、內心的實相呈現出來的時候，等置在這個段落裡，如果
這樣子常常做觀修，在暫時某個階段方面所得到的樂、明、無

妄念的功德會出現。

　　首先安樂的覺受，當在進行禪修時，身體覺得非常快樂，充滿快樂的感受，即使沒吃東西，肚子也無飢餓的感覺；天氣發生任何變化，自己不會覺得太冷也不會覺得太熱，這些感受都不會存在，始終都覺得非常快樂；坐著禪修時，就不想要起來，想要持續地禪修，這個便是快樂的感受出現了。

　　明晰的覺受出現時，房子裡面被牆壁遮擋住的情況好像也明白地顯現出來；和自己來往的男女朋友們，他們內心的念頭想法，好像也明晰地顯露出來，自己能夠知道，這便是明晰的覺受。

　　第三種是出現沒有念頭的覺受，在觀修的時候，也不是睡著了，可是內心思惟的活動好像停止了，沒有想法出現了，這個是沒有分別妄念的覺受。

　　如果是一個初機的實修者，又沒有依靠上師的口訣，當這三種覺受產生的時候，會對三種覺受產生執著，認為自己禪修做得非常好，已經產生了功德，已經證悟了內心的實相，已經和別人完全不同，已經非常殊勝不同凡響，這種執著就會產

生。

如果對三種覺受產生這種執著，以這輩子來講，各種各類的傲慢之心會產生，覺得自己不同凡響，自己擁有了神通，自己的禪修和一般凡夫俗子不同，我想要入定幾天也能夠達到，這些各種各類的傲慢之心都會產生。

以下輩子來講，如果對樂的覺受產生執著，下輩子會投生在欲界；如果對明的覺受產生執著，下輩子會投生在色界；如果對沒有分別妄念的覺受產生執著，下輩子會投生在無色界。這樣做禪修，雖然沒有投生在三惡道，仍投生在三善道裡，但還是在輪迴之中，並沒有脫離輪迴。

以前帕摩竹巴，首先學習薩迦派的教法，學習薩迦派的道果法，經過再三地實修，之後這些覺受的功德就產生了，也出現了許多神通，也做了許多非常吉祥的夢，這些都是屬於初地的功德，因此就認為自己已經證悟了初地。

後來去拜見達波仁波切，向仁波切稟告，自己的夢境如何如何，禪修入定能夠多久多久，身心都在快樂的感受之中，這些都是初地功德的徵兆。達波仁波切聽了沉默不語，什麼話都

沒有講。

　　隔天帕摩竹巴要返回家鄉了，達波仁波切說那你再來一下，帕摩竹巴來了，達波仁波切正在捏糌粑，就問：「昨天你不是提到這個功德、那個功德，你認為這些是初地的徵兆嗎？」「是啊，是啊，我非常堅決地相信！」「那你的上師也曾經說過，這些是初地的功德嗎？」「是啊，是啊，我也這樣相信啊！」達波仁波切把糌粑捏好了，說：「你昨天所提到的這些情況，你做了很多解釋說明，你也認為它是初地的功德。我現在正捏一個小小的糌粑要吃，你前面講的初地的功德和這個糌粑比起來，我覺得這個糌粑比你初地的功德還要優秀呢，我覺得這個糌粑還比較好呢，我還比較喜歡吃呢。」達波仁波切還發誓自己講的是真的，絕對沒有騙他。

　　這時帕摩竹巴的傲慢之心完全消失不見，誠懇祈請達波仁波切賜給加持。他這時候才發現，自己以前所得到的那些功德完全都是假的，不是恆常的，也不是堅固的，只是暫時的。透過達波仁波切的指導後，才證悟了實相，因此對達波仁波切確確實實就是佛，這種信心不由自主自然就呈現出來。

　　當我們內心各種各類的覺受產生了，例如樂、明、無妄念的覺受產生時，方便和勝慧結合的種子字是 ཕཊ（呸）字，要突然間唸誦這個字，唸誦的時候，力氣要非常強烈，同時聲音要非常短促，猛烈地唸誦呸字，以這個猛烈的、聲音很短促的呸字，就能摧毀安樂的覺受、摧毀明晰的覺受、摧毀無妄念的覺受。當這些覺受都摧毀掉的時候，後面的妄念又還沒有產生，在前面的妄念消散掉，後面的妄念還沒有產生，中間的這一個段落，內心的實相會出現的。因此，還要繼續安住在明空雙運的內心實相之中。

ཅི་ཡང་མ་ཡིན་ཧད་དེ་གཐད་ དེ་བ་ལ་ཟང་ཐལ་ལེ།

任皆不是楞楞然　楞楞然且為通澈

ཟང་མ་ཐལ་བྱུང་བརྗོད་དུ་མེད།

赤裸直通無言詮

　　內心實相的本質是空性，自性是明晰，內心的實相不是我

們用眼睛能夠看到的，也不是用手能夠捏住的，也沒有紅、黃、花、白等的顏色，也沒有四方形、三角形等的形狀，它是空性，而且它是通澈的，沒有任何的阻礙，這是內心實相，內心的本質。這種內心實相，不是現在才新製造形成，是本來就已經有，早就已經存在了。

譬如大海的海平面，始終都是波浪翻騰，大大小小的浪滾來滾去，沒有一刻是平靜的，可是不管海面上浪花多麼大、多麼小，海底始終都是不動的，始終都是寧靜的。

一樣的道理，我們在迷惑錯亂的時候，內心當然各種各類的妄念不斷出現，但是即使在各種各類的妄念出現時，內心的實相，基如來藏本身，自始至終不管在什麼時候，始終都是沒有迷惑的。

又譬如，在天空出現各種各類的雲朵，飛來飛去，可是太陽光從來不曾消失過，太陽光從來就沒有改變過。

內心的實相也是如此，所以內心實相是「赤裸直通無言詮」，沒有辦法用言語做解釋說明，也沒有辦法如何來做觀想。

ཆོས་སྐུའི་རིག་པ་ངོས་བཟུང་ཤིག

法身覺性請認定

　　觀想的意思，譬如，一個初機的行者，剛開始修安止時，怎麼修呢？心裡觀想一個 ཨ（阿）字出現，心穩定了，安住在上面，這樣觀想，修安止。

　　或者，密咒乘門許多的實修，要觀想身體的血脈、精脈和中脈，或者觀想本尊寂靜的形象、忿怒的形象，各種不同的本尊。

　　或者，觀想頗哇遷識法時要觀想中脈，中脈裡我們的內心的本智要化成一個 ཧྲཱི（啥）字，唸誦吽字的時候，這個 ཧྲཱི（啥）字慢慢地往上浮動，假設要死亡時，頭上觀想阿彌陀佛，內心的本智 ཧྲཱི（啥）字攝入阿彌陀佛的心坎中間。如果是日常實修，唸誦 ཧིག（吽）字時，ཧྲཱི（啥）字慢慢向上浮動，碰到阿彌陀佛的腳之後，要再慢慢降下來。

　　這些都有一些觀想的內容，心裡緣想這些內容，之後做禪修。但是內心的實相不是這個樣子，不能去觀想它有什麼內

容，內心的實相有什麼形狀嗎？有什麼顏色嗎？形體是什麼樣子呢？完全不能觀想，這個就是我們前面提到過的「無修之修」，不能去觀想它是什麼樣子。

或者，那就沒有觀想了、沒有做禪修了。可是這個時候，粗糙的妄念也沒有了、細微的妄念也沒有了，在底下浮動的妄念也沒有了，這時完全安住在內心的實相——明空雙運的本智之中，因此內心向外面的渙散的情況也沒有發生，所以說沒有觀想，但是內心也沒有渙散，因此，是沒有辦法用言語來做詮釋說明的，是這樣的一個明空雙運的本智，這樣的一個內心的實相。

沒有辦法用言語來做詮釋說明，那麼這種明空雙運的本質，內心的實相，我如何去了悟呢？要依靠上師做心性直指的口訣，還有自己的信心非常強烈，精進地實修，透過這種方式，就能夠去辨明清楚內心的實相，法身的本智。

因此，內心的實相是明空雙運的本智，這個部分不是內心製造出來的，而是原來就已經存在，本來就有的。上師做直指時，直接指出來，是原來它就已經存在的，假設本來沒有，上

師如何直接去把它指出來呢？

　　當上師做了開示、做了說明，自己內心也去做了一個分析，之後也經常做禪修。有一天發現確實是如此，眞的是這個樣子，確實和上師講的一樣，確實如此，這個時候內心就會非常快樂，非常舒服。

　　譬如有人休息時，習慣把眼鏡推到頭頂，等休息完畢，要看報紙、看書時，開始找眼鏡，東找西找，怎麼找都找不到，非常慌亂，不知道眼鏡放到哪了，這時人家問他：「你找什麼？」「我找我的眼鏡，怎麼找都找不到！」「就在你的頭頂上啊！」他手一摸，摸到眼鏡，這個時候他心裡有一種強烈的感覺產生，之前的慌亂全部消失不見，充滿一種豁然開朗、身心舒暢的感覺，不過這種感覺完全沒有辦法用言語說明。

　　一樣的道理，內心的實相也是如此，上師做了內心直指，當你契入內心實相時，也是如此一種豁然開朗、身心舒暢的感覺，這種感受和前面的情況非常類似，但卻是不一樣的，這時出現的是更加強烈的感受。

　　又譬如有個人，經常都在寫字，寫累了稍作休息，順手把

筆放在耳朵上，等到喝了茶，要再繼續寫字，卻找不到筆，怎麼找都找不到，非常忙亂、非常著急，這時有一個人來了，問他：「你在找什麼？」「我找不到我的筆！」「你不要急，筆就在你的耳朵上！」他手一伸，摸到筆。這個時候馬上茅塞頓開，豁然開朗，好像一切阻塞全部消失、瞬間通暢的那種感覺。

內心的實相證悟的時候也是如此。

因為內心的實相，我們自己本來就已經存在了，不僅本來就已經存在，所有的眾生全部都有，這不是上師把它製造出來的，也不是因為上師指出來後，才開始存在的，而是原來就已經存在。在指示見地時，只是去認識它，契入這個見地而已。所以心性直指時，並不是要指出來一個實際的東西，譬如佛像很多手、很多臉，非常莊嚴、非常特殊，和別的形象完全不同，並不是要指出來這麼一個東西給你看，不是這個樣子。

譬如我們平常都有人我的執著、法我的執著，之後在教法中，用各種邏輯推理詳細做分析，發現平常所執著的人我是什樣樣子，用這個方式、用那個方式、用各種邏輯推理去找，完

全找不到。這個時候,內心非常堅決確信,根本沒有人我,因為用了各種邏輯推理都找不到,這種非常堅決確定的相信產生時,這是顯教乘門的見地。

所以,所謂契入見地之中,不是說看到一個非常奇特殊勝的、從來沒有看過的新東西,不是這個意思,而是本來就已經存在的。

大圓滿的見地也不是只有安住在空性這一個項目裡,當安住在空分這個項目時,還自自然然有一個明分會顯露出來,所以是明空雙運,契入明空雙運之中,就是得到了見地。

|ཁོ་རང་ཐོག་ཏུ་བྱུང་པ་སྟེ་གནད་དང་པོའོ།།

本貌之上直指者第一要也

因此,上師作心性直指時,是直接指出我們內心已經存在的部分,而且本來就有的部分,不是說本來沒有,現在製造出來。做了這些指示後,對上師的信心非常強烈,對上師所指導的內容再三地思惟,閱讀書籍了解種種內容,信心強烈,再三

地實修，直到什麼時候發現了和上師以及書裡講的完全一樣，確實是這個樣子，這種確實的相信產生時，就稱為得到了見地。所以這是「本貌之上直指者第一要也」，第一句話「本貌之上直指」。

以上是見地部分的詳細說明。

觀修是智愛光也

第二項是觀修，要做一個詳細的說明。

前面我們所提到的見地，一定要妥善地得到，得到見地後，要進行觀修。譬如有一些人做生意，首先他要籌足本錢，如果沒有本錢很難做生意，生意要做成功可能很困難，那麼，有了本錢後，去做生意是不是一定會賺錢呢？那也不一定！有些人累積了雄厚的資本再去做生意，到最後也有可能血本無歸，完全虧本。

所以，本錢就好像是我們的見地，如果已經妥善地得到了見地，就是資本已經很雄厚了，後面還要進行觀修，觀修時一

定要依賴於上師的口訣，要非常重視觀修的方式。如果觀修時
不知道怎麼樣做觀修，當樂、明、無妄念的覺受產生時，對它
們產生貪戀執著，接著產生了傲慢之心，就會墮入世間的道
路；禪修世間的道路後，執著在樂、明、無妄念的狀態中，前
面大圓滿的見地就完全丟掉不見了。

所以，在觀修的段落裡，首先前面得到的見地要能夠繼續
掌握，同時還要配合上師所指示的觀修口訣，兩者一定要齊
備。如果在兩者齊備下進行觀修，這個觀修本身就能夠得到純
正的果位。

ཌེ་ནས་འཕྲོའམ་གནས་ཀྱང་རུང་།

其後放或住亦可

觀修（禪修）的時候處所要非常寧靜，內心也許都沒有出
現妄念，也許產生了很多妄念，善的、不善的各種各類妄念都
有可能產生。所以，「其後放或住亦可」，得到見地之後要進
行禪修時，內心很多的妄念放射出來，或者是內心根本都沒有

妄念,這都可以。就算內心有不好的妄念出現了,有強烈的貪戀、瞋恨、傲慢之心產生,也沒有關係。對這些妄念全都不要執著,就像前面所提到的,這些妄念出現的時候,對它沒有執著,妄念自然消散掉。後面的妄念又沒有產生,中間有一個空檔的段落,這個空檔的段落,就是內心實相出現的時候,應該掌握住這個機會,安住在其中。

或者說內心放射出來的妄念。是善的念頭,例如悲心、信心、菩提心產生,這也很好,這些善的念頭產生時,也不必貪戀執著,因此會自然地消散掉,後面第二個妄念又還沒有出現,這中間也有一個空檔的段落,也應當安住在這個地方。

假設不能夠這樣掌握住兩個妄念中間的空檔,妄念不斷地出現,而且追逐而去。那麼就像密勒日巴所說的,如果不能夠掌握住兩個妄念中間的空檔,這個無妄念的本智產生又消失,這樣的話,不可能證悟到沒有分別妄念的本智,因為它產生了,又消失掉,後面妄念又出現了。

所以在禪修的時候,譬如天空有陽光,白雲出現了遮住陽光;黑雲出現了,也是一樣遮住陽光,因此,善的妄念出現的

時候，不要有貪戀執著，不善的妄念出現的時候，也不要有貪戀執著；任何妄念出現的時候，無論如何都不要有貪戀執著。

ཁྲོམས་ཆགས་སམ་སྐྱིད་དམ་སྡུག

或怒或貪樂或苦

或者是，「或怒或貪樂或苦」，當我們在寂靜的精舍蘭若閉關時，會遇到各種情況。有時候有人來說你的父母兄弟姐妹被人傷害，或者說你們家遭小偷光顧，錢財全被拿走了；或者是自己想起以前的男女朋友，內心的貪戀之心產生了；或者是因為閉關的食物、衣服、住處，都有好心人相助，自己內心覺得非常快樂；或者是閉關時，突然肚子痛、頭痛……，各種情況都會出現。

對於這些情況都不要有任何的貪戀執著，痛苦的情況也好，快樂的情況也好，當各種情況出現的時候，對它根本不要有任何貪戀執著，也不要在意，不要放在心上。

在學習佛法的弟子中，外國弟子最大的毛病就是對這些情

況有非常強烈的執著。而印度人和西藏人,對這些情況的執著就很小,對他們而言,不管遇到順境還是逆境,通常都會想這是自己前輩子的業,相信三寶、信賴三寶。

外國弟子在禪修時,稍微遇到一點壞的情況或者好的情況,立刻會覺得是非常嚴重的情況,就產生很強烈的執著了。譬如,一個外國弟子遇到逆境來拜見上師,上師給他一個金剛結,他把它掛在身上,出去時,差點被車撞到,他會馬上相信:「哦,這個金剛結的加持力非常強大!這個上師的加持力非常強大!」內心會覺得很踏實,馬上相信是這個樣子。相反地,如果他到中心聽完法,走到外面,差點被車子撞到,他可能就會想:「剛離開中心就倒霉,這中心一定有問題,以後我不來了。」

一般來講,緣起是存在的,當然我們所遇到的任何順境或者逆境,痛苦或者快樂,一定有它的原因存在,如果只從一些小小的徵兆就擅自斷定是好是壞,這可是大錯特錯了。

內道佛法之中,最重要的是什麼呢?最重要的是當自己遇到痛苦或快樂,遇到順境或逆境時,要知道它們絕對不是無因

而產生，不是由不相隨順的因而產生，前面一定有原因存在。

　　譬如，如果自己處在順境中，非常快樂，要相信這是我自己上輩子所做的善業，在這輩子果報成熟之故。如果遇到的是逆境，非常痛苦，也要相信這是我自己以前所造作的罪業、不善業，在這輩子成熟之故，要有這種認識，並且要明白一切並不是由不隨順的因而產生。也就是說，造作了不善業卻成熟出快樂的果報；造作了善業卻成熟出痛苦的果報，這是根本不可能的，這是不隨順的因，是不可能發生的。對這些一定要有所了解。

　　因此，暫時的困難逆境出現時，內心應當要覺得非常寬坦，不必太在意。如果內心狹隘，稍微有一點變化，就很慌亂，那麼，不要說是佛法的學習，連世俗的事情都很難達成。譬如，稍微有一點變化，不能稱心如意，內心就非常憤怒，暴跳如雷，就算離開這個地方到別的地方去，不稱心如意的事還是會發生，因此又非常憤怒，暴跳如雷，又再到另外一個地方，當然還是會遇到逆境，不稱心如意的事也還是會發生。那麼要到什麼地方去才能夠稱心如意呢？根本不可能！

　　世俗的事如此，佛法的實修更是如此，應當內心非常開闊、非常寬坦，見地廣大如天空。如天空的意思是指，一根棍子往上丟，假設它能飛一天，那麼有沒有東西能夠把這根棍子擋住呢？不可能，完全沒有阻礙。

　　一樣的道理，就算是善的念頭產生，內心的實相絲毫沒有改變；就算是不善的念頭出現，內心的實相也沒有改變。不管是順境產生，逆境產生，困難產生，痛苦產生，快樂產生，內心的實相絲毫都沒有任何改變。

|དུས་དང་གནས་སྐབས་ཐམས་ཅད་དུ། ཁོ་ཤེས་ཆོས་སྐུ་དོས་བཟུང་ལ།

一切時常暫時中　　認定舊識法身下

　　所以，應當像長江大河日夜奔流不息，這一條大河流，白天也是這樣子流動，晚上也是這樣子流動，日日夜夜始終都是這樣子流動，不會因為下了一天雨、下了兩天雨它就改變。遇到逆境、順境、痛苦、快樂等任何情況時，也都要安住在見地之中，不需要有任何改變。

白天安住在見地之中，晚上也安住在見地之中；順境出現時安住在見地之中，逆境出現時也安住在見地之中；痛苦時安住在見地之中，快樂時也安住在見地之中；吃飯時、說話時、坐車時也都是安住在見地之中，即使是在工作時，也仍然是安住在見地之中。

不管任何變化，仍然都安住在見地之中。而安住在見地之中，就稱爲「觀修」。

大遍智龍欽巴尊者曾說：「如果已經契入見地之中，但是沒有以觀修串習，就好像是小孩子到戰場一樣。」小孩子如果到戰場，什麼時候會死掉完全不知道。他可能被敵人的槍打中，可能被敵人抓走，也不知道怎麼逃跑，也沒有和敵軍打仗的能力，所以小孩子上戰場，隨時都會死亡。

因此，就算是已經得到內心的本貌實相，已經知道見地，如果沒有透過觀修串習，是不能夠發生很大用處的。這種情況就好像一個國家的王子，他只有八歲或九歲，當然沒有什麼能力，所以不能夠推動國家大事、也不能夠指揮大臣做任何事，因爲他還小。

見地也是如此，即使妥善地得到見地，這見地根本沒有能力滅掉煩惱，只有透過觀修，不斷地串習，才能夠得到能力，見地本身才會具有威力，所具足的威力才能夠滅掉煩惱。

譬如，一個醫學系的學生經由書本和上課學習到腦部怎麼開刀、心臟怎麼開刀，學了很久，所有課程都學過了，可是他沒有實際開刀的經驗，之後只要停了一年，可能他所學過的內容就全部忘光了。就像我們現在把前面的見地，上師做的直指，自己做了分析，已經得到見地之後，如果只是把見地放著，沒有多久也就全部忘光了。

這個醫學系的學生，如果把書本裡的知識和上課老師教的全部學會後，開始看診，進行腦部開刀或心臟開刀，等到開刀過一百次、兩百次，當他對各種開刀技術完全熟練時，會變成一個本能的反應。他不會感覺到這是從課本裡學來的知識，而是好像自己本來就已經會的，因為他開刀的經驗實在是太多了。

一樣的道理，前面做見地的指示，之後開始觀修，觀修時依靠著自己上師的指示學習，觀修串習的力量非常強烈，到將來證悟內心實相時，也會感覺到「這是我證悟的內心實相」。

此外，會不會感覺說，好像以前聽老師上課講解，因此才得到的？不會！

禪修時遇到的各種各類狀況，就好像大海有各種情況，大的浪，小的浪，兩個浪碰撞在一起時，還會冒出一朵朵白色漂亮的浪花。就海水而言，既沒有形狀也沒有顏色，如果浪花過來時，我一手把它抓住，抓到我手中，手掌攤開看，大的浪也沒有，小的浪也沒有，白色的浪花也沒有，那麼抓在手中的是什麼呢？什麼都沒有，只有水。

所以妄念在內心產生時，有善的念頭、有不善的念頭，如果對這些念頭都不執著，就是內心的實相，明空雙運的本智，就能夠安住在這個地方。這就好像海面上有大的浪小的浪，有白色漂亮的浪花，不過抓到手中時，就只是水，沒有形狀也沒有顏色，不是大浪花也不是小浪花。

也就是說，內心各種各類的妄念都會出現，善的念頭出現了、不善的念頭出現了，對這些念頭全部都不要執著，那麼，善的念頭也不見了、不善的念頭也不見了，剩下的只有內心的實相。所以說，「一切時常暫時中，認定舊識法身下」，所有

一切時常暫時之中，都要認定是以前舊識的法身，在這個情形下好好去保任我們的法身。

ཁྱེར་འཇིས་འོད་གསལ་མ་བུ་སྤྲད། །བཅོད་མེད་རིག་ཆའི་ངང་ལ་བཞག
前熏光明母子會　置於無詮覺分況

最後就會達到「前熏光明母子會」，句子裡提到的光明，是指前面已經串習的光明，在此時達到母子相會的情形。書本裡講內心的實相是如何如何，內心的實相本質是空的、自性是明晰的，這些都不是內心的實相，不是實際的情況，只是書本上的說明。上師也會說明是如何如何，我們認為也是這個樣子，可是將來我們經年累月不斷地實修，在實修的當中，不斷地串習，串習的這個部分是「子光明」，串習久而久之，到了有一天，內心的實相如理如實完全呈現出來，證悟了內心的實相，這個是「母光明」。

所以，我們現在是沒有證悟內心的實相，但是依於上師的指導開示，我們知道是什麼樣子，我們也會去做禪修；到未來

內心的實相出現時，會發現和上師所指示說明的那個部分，完全一模一樣，這個稱為「母子相會」，會合在一起，契入光明之中。

如果妄念在內心產生，第一個妄念出現了，對它產生了執著，妄念洶湧而來，接著第二個第三個⋯⋯，妄念會不斷地出現。所以不應當這樣，當妄念出現時，一定不要執著它，不要追逐它。如果不執著妄念，只是看著妄念本質，那麼妄念自然就消失不見，有如冰雪融化了一樣。

又好像海面有大浪小浪，還有各式浪花，到底海水是什麼樣子呢？我用一個瓶子裝海水，看看大浪是什麼樣子？小浪是什麼樣子？浪花又是什麼樣子？但是裝在瓶子裡的，既不是大浪，也不是小浪，也不是浪花，它就是水，沒有形狀，沒有顏色。

因此，即使是得到了見地，但是見地還要透過觀修，以這個觀修經過長久的串習，讓它威力強大，這是相當重要的。

總而言之，所謂內心的實相，當我們的內心裡有一個妄念出現，之後這個念頭慢慢消失掉，在後面第二個念頭還未產生

時，這中間有一個段落存在，這中間的段落就是內心實相，它的本質是空性也是明晰，就這一個本質而言，不能夠用語言解釋說明。同時沒有顏色也沒有形狀，所以也不能夠展示在我們面前；也不是屬於聲音的性質，所以耳朵也不能夠聽到；所屬的性質也不是氣味，也不是味道，也不是冷熱的觸覺，所以不是我們鼻識的對境，舌識的對境，身識的對境，這一切全都不是，因此說它無法詮釋。

　　無法詮釋的這一個覺性，如果我們的心能夠絲毫不渙散地等置在其中，就稱爲「觀修」。

|གནས་བདེ་གསལ་འཕྲོ་ཡང་ཡང་བཤིག །ཐབས་ཤེས་ཡི་གེ་སྐྱོ་བུར་འབེབས།

再再毀住樂明續　方慧文字偶然降

　　如果我們要做這種情況的觀修，那就不是一個短暫的時間如此做，應當經年累月不斷地做。一般而言，當我們死亡了，這個身體就丟掉了，之後可能會再得到一個人類的身體或輪迴投胎得到各種各類的身體，然後再三死亡，再三把屍體丟掉，

如果能夠如前面所言那樣努力實修，就不會發生這種情況，因為會成就佛果。

所以，密勒日巴曾經說過，一個禪修者、一個行者，不要對於神通、神變或各種吉祥的夢兆抱著強烈的渴求期望之心，應當窮盡自己的一生，努力精進好好做禪修。

就我們行者而言，前面我們也講了一個比喻，例如商人做生意，首先當然要擁有許多本錢，這是非常有必要的，但僅僅只是籌足本錢，仍然沒有什麼用處，不保證生意一定會成功。如果要做生意成功，首先應當了解做生意的方式，已經正式去做之後，當然就會開始得到一些利潤，這些利潤再投資、運作得好的話，經年累月，利潤就會不斷增加，生意就成功了。

禪修也是如此，在最初開始時，首先要對正見有一個正確的了解，要先得到正見，如果沒有正見，當然不可能禪修。已經得到正見了，仍然沒有大用處，因為接下來要進行觀修，怎麼樣進行？必須了解觀修的方式，如果不知道觀修的方式或錯誤了，即使最先有得到大圓滿見地，將來還是會再墮入輪迴中，絲毫不能離開輪迴，所以正式的觀修就非常重要了。

如果是利根行者，每天觀修，觀修的功德逐日漸增，會不斷地進步，如果不是這種根器，只要每天努力，經年累月努力，一年一年仍然會慢慢進步，增長增廣，這是肯定的。

就好像做生意時，要了解做生意的方式，禪修時我們也要知道怎麼樣進行觀修，觀修的方式是什麼，已經知道怎麼觀修之後，在觀修當中，如果內心能夠毫不渙散，一心專注，那就是內心的實相。也就是說在觀修時，心要放置在內心的實相這個狀態上，在這個地方，順著自己時間的長短，好好實修，這樣慢慢地，內心就會逐漸產生快樂的覺受、明晰的覺受和無妄念的覺受。

樂、明、無妄念的覺受產生的時候，一般實修者立刻就會把它當做是果位，認為自己已經得到果位了，會產生這種想法，如果心裡想著這是果位，對它產生執著，心放在這個地方，功德就不會再增長、增廣了。

詳細來說，當快樂的覺受產生時，把這個當做是一個果位，對它產生執著，因此心一直放在這裡，這個功德就不能夠再增廣、增長；明的覺受出現時，執著這是果位，我已經得到

功德的果位了，因此心一直放在這裡，那禪修的功德也不可能再增廣、增長；無妄念的覺受出現時，心裡想著我已經得到果位了，這就是果位，因此產生貪戀執著，心一直放在這裡，那功德也不能夠再增廣、增長。

譬如一個人做生意，本錢籌足了，做生意的方式也知道了，做了一筆生意賺了十萬塊，然後就覺得自己已經得到所需要的利益，已經達到做生意的目標，就把這十萬塊放在保險箱，不再做生意了，那會不會繼續得到利益？不會！就只有這十萬塊的利益，再也沒有了。

唯有把這十萬塊拿去買商品進貨，再把那個商品賣掉，又得到利益，再繼續買商品，再把它賣掉，又得到利益……，買進來賣出去，只有這樣，利益才會累積、利潤才會不斷地增加。

禪修也是這樣，當快樂的覺受產生時，不要把它當做是果位，不要有「我已經得到了」這種想法，也不要對覺受產生執著。當然一般來講，這些覺受不容易出現，除了禪修者之外，通常是不太會出現的，對禪修者而言，當然這些是好的功德，

不過這些也僅僅只是暫時的功德，這些暫時的功德出現時，如果對它產生貪戀執著，那它就成爲一個過失了，就沒有好處了。

就好像一個做生意的人，做了一筆生意得到一點點利潤，當然這是好的，因爲已經得到利潤了，不會血本無歸，但是如果把這個當作是做生意的終點，得到這個利益已經可以了，這已經就是究竟的果了，因此把這一點點的利潤收進保險箱裡，只是放著，那麼當然不可能繼續得到更多的利益。

一樣的道理，產生快樂的覺受時，不要把它當做是果，我已經得到果位了，對它產生執著；應當把快樂的覺受立刻去掉；明晰的覺受出現時，也不要當做自己已經得到果位了，千萬不要貪戀執著，應當把它去掉；無妄念的覺受產生時也是如此，不要把它當作是究竟的果位，不要貪戀執著，應當立刻去掉。

但是如何去掉？方式是什麼呢？當快樂的覺受產生時，好像沒有吃食物也非常快樂，沒有喝水也非常快樂，不吃不喝都能夠做實修，身心都在快樂之中，這個時候不要把這個快樂當

做是一個究竟的功德，否則執著越來越強烈，會產生傲慢之心，認為自己的禪修已經非常好，自己已經得到功德了，這種傲慢之心就會產生。

當這種身心的快樂產生時，去掉的方法是立刻唸誦猛烈的「呸」，這我們前面講過了，當快樂的覺受產生時，我們會有執著、有傲慢之心、有貪戀之心，應當立刻唸誦猛烈的「呸」，就能夠把這個快樂的覺受滅掉；明晰的覺受和無妄念沒有分別心的覺受出現時也是如此。

當樂、明、無妄念的覺受出現時，不要有執著，不要思惟這是一個究竟的功德，也不要產生傲慢之心，認為我已經得到殊勝的功德了；相反地，唸誦「呸」立刻把它去掉，如果這樣，這些覺受滅掉時，後面的妄念又還沒有產生，中間一定有一個段落，這個段落就是我們內心的實相。

就一切眾生而言，全部都有這個內心實相，可是由於第一：沒有得到上師的口訣，第二：自己對於口訣沒有殊勝的勝解恭敬，也沒有相信之故，因此始終都不能夠認識內心的實相。

當這個明晰的覺受產生時，好像屋子內外的東西都能夠看

得清楚；或者夜晚時把燈關掉，許多東西好像還能夠看得很清楚；或者別人內心的思惟、想法，好像也都對我呈現出來，我也能夠了解，在這些覺受出現時，假設沒有得到上師的口訣，或者是對於大圓滿的典籍沒有廣大聽聞過，那麼當然這種情況出現時自己不明白，會以為自己已經得到殊勝的功德了，認為自己和以前凡夫的階段不同了，我已經得到聖者的果位了，這種想法會產生傲慢之心，當傲慢之心產生，執著也就產生，因此對於這個覺受的功德產生了貪戀執著，在這個時候應當立刻念誦「呸」，把明晰的覺受消滅掉。當明晰的覺受消滅掉的時候，後面的妄念還未產生，這時候一定有一個中間的空檔段落，這個是內心的實相。

這個內心的實相呈現的時間，就我們初機實修者來講，只是很短暫的剎那，不能夠長久出現；當這個內心實相出現時，要立刻等置在這個狀態之中，如此經年累月不斷不斷地實修。

如果不把樂、明、無妄念的覺受去掉，反而把它當做是殊勝的功德，那會導致什麼後果呢？就這輩子而言，會產生執著，會產生傲慢之心；就下輩子而言，若是對快樂的覺受產

生執著會投生在欲界，若是對明晰的覺受產生執著會投生在色界，若是對無妄念的覺受產生執著會投生在無色界，仍然都是在輪迴之中。

如果我們唸誦「呸」，把樂、明、無妄念的覺受滅掉，這些暫時的功德只是突然間消失掉而已，之後功德還要繼續增長、增廣，例如我唸誦「呸」把快樂的覺受滅掉時，後面還會有比這個更加強烈的快樂的功德會出現；明晰的覺受出現時，不要執著，唸誦「呸」滅掉，後面還會有比前面這明晰覺受更加明晰的功德會出現；無妄念的覺受出現時也是如此，還有比它更加強烈的無妄念的功德會繼續出現。

逐漸地得到資糧道的功德，後面還會得到更加殊勝的加行道的功德，還會得到更加殊勝的見道位功德，更加殊勝的修道位功德，慢慢地經過初地到十地的功德，逐漸地加強進步。

所以，暫時這個段落的功德覺受，我如果不把它破除，對它產生貪戀執著，認為這就是一個究竟的果，如果這樣執著，那麼後面比這些覺受還要更加殊勝的功德就絲毫不會再產生；反而是如果滅掉這些覺受，那麼後面一定會逐漸產生更加進一

步的功德。

譬如溪水，當它從發源地流出來時，水質通常都不是很好，當它逐漸流經各種地形，很多岩石不斷地激盪它、刺激它，水質就會變得非常好。一般來說，在岩石裡流動的水，經過不斷激盪，喝起來會變得非常甜美。

有的水果有好幾層皮，如果我們剝掉第一層皮立刻吃，會非常酸澀，只有剝掉第二層皮、第三層皮，最後把所有的皮都剝掉之後，才可以得到裡面最甜美的精華，香甜可口，非常營養，也對身體非常有幫助。

一般而言，台灣弟子日常生活都非常忙碌，如果禪修要產生樂、明、無妄念的覺受，實際上可能也是少之又少，但是無論如何，如果真的產生樂、明、無妄念的覺受，對於這些覺受千萬不能貪戀、不能執著，一定要把這些覺受全部破除掉，這點相當重要。

如果把這些覺受都破除掉，是不是後面的功德就沒有了？不是的！相反地，如果把這些覺受滅掉，後面還有很多強大的功德會逐漸出現，逐漸進步。

　　譬如一個人覺得他的身體非常珍貴，已經得到非常好的身體了，就只坐著，完全不動，這樣反而不好，身體會慢慢地衰弱。這個身體非常重要，但是不能讓他就只是一直坐著，要每天跑步，再三鍛鍊，身體才會更加強化。

｜མཉམ་བཞག་རྗེས་ཐོབ་ཐ་དད་མེད། ｜ཐུན་དང་ཐུན་མཚམས་དབྱེ་བ་མེད།

等置後得無相異　　修座座際無分別

　　了悟了正見，同時正見的狀態又能夠用觀修的方式不斷地保任持續下去，這樣的一個人，上座「等置階段」安住在萬法的實相，下座後，身體和語言的行為這個部分是「後得階段」，二者其實就沒有分開，在等置階段的時候也沒有離開內心的實相，在後得階段也沒有離開內心的實相。

　　密勒日巴曾經開示過，即使在走路的時候，面對一切所顯現的景象也沒有看到所應斷的部分，是這樣如此實修的。

　　怎麼樣實修呢？眼睛看到色法時，對色法也沒有執著，耳朵聽到聲音時，對聲音也沒有執著，也就是說，眼、耳、鼻、

舌、身、意六識接觸到色、聲、香、味、觸、法六種對境時，六識會去緣取對境，可是緣取對境之後，並沒有產生絲毫的貪戀或執著，並沒有陷入貪戀和執著之中，因此，六識自己就解脫了，這是「六識自解脫」（六聚自解）。

坐著的時候也是如此，仍然都沒有離開自己內心實相的狀態而坐著，如果能夠這樣，這是一位純真的行者；如果是這種純真的行者，並不需要特別做閉關，因為他身體和語言等一切行為，都是在大圓滿的實修之中，沒有任何的不善業，也沒有任何無意義的行為，這些都不存在，因此並不需要進行特別的閉關。

同樣的道理，純正的行者上座和下座也沒有差別存在，一般上座實修，例如一天規定修三座，每一座規定二小時或三小時，這樣做實修。在每一座兩小時或三小時裡斷食、禁語，不跟別人說話、不見任何人，也不接電話手機，以這樣的方式在一個修座的時間裡做實修。等到一座結束了，才吃食物、見朋友、說話、上廁所等，這個時候就稱為下座的階段。如果是一個已經得到見地的行者，而且他的觀修又能夠使這個見地持續

下去，那麼，不用特別規定分成上座和下座，因為對他而言，上座和下座二者沒有差別。

　　通常一般人只有在上座時，心思不渙散，安住在所觀修的情況之中，下座後就會把前面觀修的這些狀態全都丟掉，所以把它另稱為「下座」。下座時去見朋友，說話聊天，做各種事，所以有上座和下座之分。但如果是一個純正的行者，下座的時候，前面上座心思不渙散所觀修的部分並沒有丟掉，因此沒有上座和下座的差別存在。

ཱདབྱེར་མེད་དང་དུ་རྒྱུན་དུ་གནས།

無別況中持續住

　　而且就實際上來講，所謂觀修也不是觀修一個什麼形狀或觀修一個什麼顏色，不是如此做觀修，那麼意思是說沒有觀修嗎？若說沒有觀修，實際上還是安住在內心實相的狀態之中，絲毫沒有渙散到別的地方去，因此也不是沒有觀修。說觀修嘛，也沒有觀修什麼形狀顏色；說不觀修嘛，心絲毫都沒有渙

散到別的地方去，如果能在這種狀態裡持續安住，那就沒有上座和下座的差別，在後得位的階段仍然都是在內心的實相中，絲毫沒有離開而繼續存在。

佛陀薄伽梵也曾經開示過，禪修者分為兩種情況，一種是像狗一樣的禪修者，一種是像獅子一樣的禪修者。就狗而言，如果丟一塊石頭打在狗身上，狗會認為是這塊石頭傷害我、打擊我，立刻追著這塊石頭叫，去咬這塊石頭，要把這塊石頭消滅掉。牠會不會想：是誰丟這塊石頭的呢？是誰對我造成傷害的呢？牠不會這樣想。

有一些禪修的行者也是這樣，當內心產生憤怒生氣時，立刻專注在某一個敵人身上，就是這一個敵人傷害我、迫害我，障礙了我的實修，導致我憤怒、導致我不舒服，因此心會專注在這個敵人上，怒目圓睜，要跟他打架。此外，會不會去分析自己的憤怒從何而來？生氣怎麼產生的？是什麼在不快樂呢？不快樂當然是內心，是我自己的心還是別人的心？這些都沒有去做分析、沒有去想清楚。

如果是用石頭丟獅子，獅子不會去追石頭，牠會分析是誰

丟這塊石頭，立刻去追逐這一個人，牠的目標會放在丟石頭的這一個人，想要把他消滅，而不是去追逐石頭。

像獅子一樣的行者就是如此，當自己內心產生憤怒生氣時，馬上分析憤怒生氣是從什麼地方而來？從我的內心而來，不快樂是在我自己的內心，憤怒生氣是由我自己內心所造成的；仔細去分析，自己內心憤怒、生氣、不快樂是從何而來呢？這是自己的過失；發現是自己的過失之後，會降伏自己的內心，不會使自己內心的煩惱再三不斷地產生。

所以如果用石頭去丟狗，可以丟很多次，因為狗不會去找這個人，只會專注在石頭上。現在這塊石頭打到牠，立刻去咬這塊石頭，等下另一塊石頭打到牠，又立刻去咬那塊石頭，所以對丟石頭的人不會造成傷害。但是用石頭丟獅子，就只能丟一次，因為獅子不會去追逐石頭，牠會去追逐是誰丟的，會去消滅這個元兇，因此沒有機會再丟第二次了。

像狗一樣的行者不會去分析自己的情況，他不會針對自己，只會專注在其他的仇敵，想要消滅對方，因此，內心的煩惱不能夠降伏，內心的貪戀、瞋恨等煩惱還會不斷地產生，還

會繼續存在。

如果是像獅子一樣的行者，譬如遇到疾病、痛苦、困難、障礙時，他會去分析、會了解到這是自己上輩子所累積的罪業，現在就是罪業成熟出果報，因此我遇到了這些疾病、痛苦、困難。如果是像狗一樣的行者，他就不會去分析，不知道這是自己上輩子所累積的罪業，現在成熟出果報，只會針對外面的對境，是誰造成我這些痛苦、這些困難，是這個敵人所造成、是那個敵人所造成，不斷地去追逐外境，這種人就是內心像狗一樣的行者。

一般來講，遇到痛苦、困難這些障礙的時候，如果認為是我自己的過失，容易心平氣和；如果認為是別人的過失，不是自己的過失，就會暴跳如雷，一定會找那個人吵架，最後發現原來是自己的過失時，才會向對方說抱歉是我的錯。這個時候就心平氣和了，那還不如一開始就發現是自己的過失，心平氣和。如果這樣，不會導致自己內心煩惱、再三不斷的重複產生，在這一點上是非常有用處的。

總而言之，煩惱痛苦、困境、障礙等任何情況出現時，心

思不要渙散到外面去，不要針對外面，要反躬自省，重點放在自己的身體、自己的內心，好好地做分析和反省，一切歸根究柢在於自己，這是非常重要的。

ཁོན་ཀྱང་བརྟན་པ་མ་ཐོབ་བར། ། འདུ་འཛི་སྤངས་ནས་བསྒོམ་པ་གཅེས། །

直至尚不得堅固　捨棄喧譁愛觀修

就我們而言，在實修上都只能算是新手，因此像前面所提到的等置、後得，我們應該是辦不到的，上座和下座無二無別而做實修，我們應該也都沒辦法辦到。那麼，我們要如何實修呢？應該「直至尚不得堅固，捨棄喧譁愛觀修」，自己的實修一直到還沒有得到堅固之間，都應該捨棄嘈雜，而且重視禪修，好好地上座進行禪修。

捨棄喧譁的部分分成身和心二者，身遠離嘈雜，心遠離妄念。首先身遠離嘈雜，主要是指遠離家鄉，因為家鄉會有很多紛爭、很多嘈雜。如果不遠離家鄉，自己的父母、兄弟姊妹、鄰居、親友等多，碰面時一定開始談最近生意非常好、運氣非

常好，賺了很多錢，或者是談最近運氣不好、生意不好，虧了很多錢，生活困難等，東聊西聊，時間全部都浪費掉了。

有些人在學習上遇到很多困難，有些人在財務上遇到很多困難，有些人失業，有些人父母或兄弟姊妹脾氣大得不得了，很難相處。總之，有很多事情導致自己內心不能夠平衡，產生很多辛苦困難。

因此，住在家鄉只會煩惱逐漸增長、增廣，想要把煩惱去掉根本不可能，如果遠離家鄉，因為距離遠，家鄉的親朋好友他們彼此的紛爭嘈雜，自己聽不到，也不會知道，因此就遠離了紛爭，也就不會發生由於這些紛爭導致內心不快樂的情況了。

假設身體已經離開了家鄉，在寂靜的地方禪修，可是內心常常想到家鄉的親朋好友如何如何，未來我要做這件事、我要做那件事，東想西想，這和沒有離開家鄉是一樣的，也不能夠禪修。所以，不僅身體要遠離家鄉的嘈雜繁華，心也必須遠離妄念想法，把所有的妄念想法全部去除掉。

大圓滿的實修者如果要一生成就佛果，一個關鍵要點就是

內心要有四種託付：心託付在佛法，法託付在乞丐，乞丐託付在荒野，荒野託付在死亡。像前面所提到的身體遠離嘈雜繁華，內心遠離妄念，那麼內心應當寄託在什麼地方呢？寄託在佛法，心裡經常想著我要如何實修？實修的方式是什麼？內心完全只有想著佛法，完全寄託在佛法上，如果一個人內心完全寄託在佛法上，他不會去想這筆生意、那筆生意，這個錢財、那個錢財，也不會再去想世俗生活的問題，最後他會像個乞丐，所以說：法託付在乞丐上，他的生活會像個乞丐一樣。

一個乞丐是怎樣生活呢？乞丐都是住在空曠的荒野，住在岩洞中，做什麼呢？在岩洞中做實修，所以乞丐是寄託在荒野岩洞。如果在荒野岩洞中做實修，最後會怎麼樣呢？最後當然是死亡了，所以不會再去想世俗其他的事。

在外國，這種實修者少之又少，不太可能，但是在西藏很多行者都是如此。西藏的行者做實修時，心完全寄託在佛法，佛法完全寄託在乞丐，乞丐完全寄託在荒野，荒野完全寄託在死亡。在岩洞裡實修時，就是一直實修到死亡，沒有去想其他的事。在西藏的行者大多是如此。

　　一般來講，行者去實修很難得到食物，所以通常是準備一袋糌粑，之後可以吃非常久，或者僅僅只是去化緣，因爲是到山洞做實修，所以去化緣做準備，大概一個禮拜化緣所得到的食物，可能在山洞閉關時可以吃兩個月左右。

　　在台灣，一個行者想要化緣到深山閉關實修一個月兩個月，大概非常困難。不過，台灣人對佛法的熱忱、信心非常強烈，許多人也喜歡佛法，台灣的經濟情況也非常好，因此想要化緣去做實修，遇到功德主贊助應當不是一件困難的事，但是內心堅決要去做實修，這一點大概就很困難了，會東想西想：我去化緣能不能得到資助？實修時我會不會死亡？胡思亂想的事非常多，所以很難真正去進行閉關實修。

　　如果內心裡胡思亂想太多，就不能夠純正實修佛法，內心的胡思亂想就像猴子一樣，如果把猴子帶回家，放在屋裡，對牠非常好，拿碗裝食物給牠吃，這猴子會不會帶來什麼幫助呢？絲毫沒有幫助！因爲猴子在房間裡根本不會安靜，不只會把碗拿起來亂丟，還會隨便抓其它東西亂丟，弄得一蹋糊塗，甚至放把火把房子燒掉都有可能，因爲猴子的自然習慣就是這

個樣子，如果不去約束牠，牠不可能對人有任何幫助。

有些街頭表演的藝人會帶著猴子，給牠戴一頂帽子，給牠穿漂亮的衣服，沿著大街小巷做各種表演，這個訓練的人一定是拿著一根棍子對猴子做各種手勢，用棍子去打牠，因此猴子害怕，不由自主地做各種雜耍表演。如果不去約束牠，根本不管牠，那猴子不可能會聽話，不可能會表演的。

妄念也是這樣，不去約束它的話，妄念對我們一點用處都沒有，絲毫沒有幫助，從無始輪迴以來就是沒有好好地去看著妄念，約束它，因此，妄念導致我們這麼多輩子，在三界六道輪迴裡不斷地持續，遇到無量無邊的痛苦，如果現在仍然不去約束妄念，還是繼續胡思亂想，那會和以前一樣，將來還有無量無數多輩子要繼續投生在輪迴裡，還要繼續遇到六道各種各類的痛苦。

現代這個社會，大多數人的內心都不快樂，內心不快樂導致自殺的情況很多。如果分析一下，自殺的原因主要是什麼呢？當然其中一個原因是因為上輩子內心不快樂，不能夠平衡，導致自殺了，所以這輩子也會造這種業，變成一個習慣。

　　第二個原因就是沒有好好去面對自己的內心，去分析自己的內心，去控制自己的內心，如果不去面對內心和分析內心，內心的妄念胡思亂想會越來越多，最後導致內心完全失控了。

　　有些人失戀了，男女朋友的紛爭導致內心不快樂而自殺；有些人為了財務問題而自殺；有些人是和家人吵架，內心想不開而自殺；有些人違背國家的法律，內心非常鬱悶不快樂而自殺。

　　如果是一個佛教純正的實修者，自殺這種情況幾乎不可能發生，當然有一些例外，是那種自稱是佛教徒，自稱是一個實修者，但是對內道佛法的見地是什麼，觀修是什麼，行持是什麼，完全不知道，只是虛有其表的一個行者，那麼這種人可能會自殺，因為他不是一個真正的佛教徒，不是一個真正的行者。

　　這輩子自殺，當然和身體因疾病而死亡不相同，自殺時當然他本身也會導致身體有很多的痛苦。死亡之後，每7天還要受到自殺的痛苦，還要再出現一次，而且在自殺的那一個剎那，很多魔鬼、邪祟集中過來，在他的呼吸將斷未斷之際，會看到這些魔鬼、邪祟，這時也會很驚慌害怕，心裡會想著：

「我不要死！我不要自殺！」但是不由自主已經即將要死亡，在這種恐懼害怕不由自主之下而死亡。

這輩子假設是自殺的話，通常都不會投生到很好的地方，不會得到一個好的身體；得不到好的身體，就會遇到許多困境，容易導致沮喪、心灰意冷，所以下輩子又很容易自殺，會發生這種危險。

總而言之，沒有好好地去面對自己的內心，沒有好好地分析自己的內心，如果不去認識內心，自殺就有可能發生。

有一個人內心非常不快樂，想要上吊自殺，便找了條繩子綁在樹上，還沒把繩子套住脖子前，心想等一下頭套進去大概就會死亡了。這時，一個鬼出現了，告訴他：「這個繩子綁在樹上，底下還要再綁一個結，你直接把頭套進繩結中，你的工作就結束了。」他非常驚慌害怕，馬上發現原來我不是自由自主決定要自殺而死的，原來是受到鬼怪邪祟的驅使而死的，瞬間他了解到許多自殺死亡的情況，其實都是魔鬼、邪祟在推動驅使他們死亡，因此他決定不自殺了，回家做了很多法事儀軌除障，之後再也沒有想過要自殺了。

　　所以自殺情況的發生，首先是不能控制自己的內心，爲什麼不能控制自己的內心呢？往往都是因爲沒有好好地去看著內心，沒有去了解內心的實相，沒有好好地去想一想內心的問題。內心是什麼？是什麼形狀？什麼顏色？在什麼地方？爲什麼有些人內心很聰明，有些人內心很愚笨？有些人心地很善良，有些人心地很惡毒？有些人內心經常想著別人，重視其他人，幫助很多人，譬如台灣的慈濟醫院，證嚴法師蓋了醫院幫助非常多的人，她心裡始終想著別人。但是有些人只想到自己，爲了自己去害很多人。

　　內心爲什麼會有前面講的各種差別呢？內心千差萬別，各種各類非常多，爲什麼會造成這種差別呢？爲什麼內心分成各種各類呢？好好地分析一下，這是非常重要的。

　　如果好好地分析一下內心，要認識邪惡的心是不好的，我要去除掉；善良的心是好的，我要去認識，我要好好地去練習，讓心變成善良的心。假設不去認識、不去分析內心，這些問題完全搞不懂，很多人不了解什麼叫善良的心？什麼叫邪惡的心？什麼是幫助別人的心？什麼是傷害別人的心？因爲沒有

面對內心去分析，沒有去認識內心。

電視上常常看到有些人把活魚殺了，油塗一塗放在爐上烤，或是烤肉吃。當然這些人一定知道痛苦，一定認識痛苦，但他們只知道自己的痛苦，不知道其他生命的痛苦；當然他們也知道快樂，但只知道自己的快樂，不知道其他生命也需要快樂。為什麼呢？因為沒有去想這些問題，沒有去分析這些問題，如果能好好想一想，做個詳細分析，是不可能做出這種事的。

一樣的道理，我們也應當好好地去分析，有一些鬼怪都會去聽法開示，能夠讓自己內心得到快樂，那麼我們人類是更加聰明的，應該情況更好，內心應當更容易學習、更容易改變，所以使內心改變、使內心快樂的方法一定存在，這是非常重要的，一定要好好去學習。

།གནས་གཞག་ཕྱིན་དུ་བཅད་ལ་བྱ།

應行入座修等置

就我們是一個禪修者而言，都是新人，因此不管在什麼時

間做實修，一定要修座實修這樣比較好，也就是制定一個時間，規定自己早上、下午或晚上找個恰當的時間，實修一小時、二小時或三小時，這個實修是一個上座的實修，因此不接任何電話，中途一定不下座。

實修的時候，觀想上師和古魯仁波切無二無別，或者上師和大遍智龍欽巴尊者無二無別。觀想完畢後進行祈請，上師古魯仁波切的心意和我的內心完全結合在一起，無二無別，或者上師大遍智龍欽巴尊者的心意和我的內心完全結合在一起，毫無差別，在無二無別之中，內心等置在其中靜坐片刻。

這個時候如果內心產生各種強烈妄念，要立刻唸誦猛烈的「吙」，把妄念全部滅掉，這樣靜坐好好實修之後，一般而言，會逐漸產生樂、明、無妄念的覺受。

貝諾法王曾經開示過，這些覺受產生時，當然不能夠讓它們長久存在，對它產生執著是不好的，但如果產生一點點覺受，只安住在其中一下下，這也是屬於禪修的功德，並不會造成傷害。所以，能夠持續一下下也是好的，但是如果長久安住在其中，把它當做是果位，產生貪戀執著，那當然就會造成傷

害，就不好了。

敦珠法王也曾經開示過，就禪修者而言，樂、明、無妄念的覺受產生時，安住一下下是可以的，但若是很重視它，把它當做是究竟的功德，持續在這個地方對它產生執著，就不好了。因為接著傲慢之心會逐漸地強烈，傲慢之心屬於煩惱，經由禪修產生煩惱，當然是不好的，沒有用處的，所以如果僅僅只是產生時安住一下下，倒是沒有傷害的，這一點應當要了解。

在規定成為修座而做實修時，不管在什麼時候，都要了解自己內心的實相是佛。這部分上師曾經開示「內心的實相是佛」，釋迦牟尼佛也曾經開示「內心的實相是佛」。佛陀釋迦牟尼佛的弟子歷代祖師也都曾經開示「內心的實相是佛」，不僅如此，未來佛一生補處慈氏彌勒也曾經開示「內心的實相是佛」。

從這些情況來看，內心的實相確實是佛，這一定是真的，假設不是真的，為什麼釋迦牟尼佛、弟子、未來佛慈氏彌勒都要這樣開示呢？這就表示確實是真的，但是從以前到現在，自己對這點完全不了解，就算了解也都不相信，所以在實修的時

候，要想到從現在開始，發願祝福，希望我能夠證悟內心的實

相即是佛，還要產生這種渴求之心。

|དུས་དང་གནས་སྐབས་ཐམས་ཅད་དུ། ཆོས་སྐུ་གཉུག་པོའི་ཡོ་ལངས་བསྐྱང་།

一切時常暫時中　保任一法身紛紜

　　除此之外，就是我們內心善的妄念和不善的妄念，有時候

強有時候弱，各種各類的妄念都會出現，當這些妄念出現時，

無論強或弱，無論善或不善，一定要產生正念，產生正念要做

什麼呢？正念使自己的內心經常維持在內心實相上，專注在要

去了悟內心的實相上。無論何時應當安住在內心的實相，持續

不要離開，經常用正念使自己維繫在內心的實相上，不管搭公

車也好、坐飛機也好，隨時隨地什麼段落，心始終都沒有渙散

而安住在內心的實相之中，如果這樣做，來來往往坐飛機、坐

公車、坐巴士，也是在進行禪修。不能說它不是禪修，因為心

始終沒有渙散，維繫在內心的實相上，內心的實相就是法身，

法身就是佛，所以內心的實相是佛的本質。這一點不要忘記，

不要忘記的方式就是隨時隨地產生正念，以這個正念使自己不要忘記內心實相，經常安住在其中。

內心的實相是佛這一點我們已經講過非常多次，無論如何，自己現在雖然還沒有證悟內心的實相是佛，但是內心一定要非常堅決確定，相信確實是如此，如果能這樣做到，無論內心產生善的念頭還是不善的念頭，一般來講，都不會造成任何傷害。

這就好像天空出現彩虹時，會不會讓天空的本質變得更好？不會！天空烏雲密布時，會不會讓天空壞掉了，天空的本質變得不好了？也不會！總之，內心的實相是佛，對這一點就算沒有證悟，也要相信真的是這樣，確實是如此，心裡要非常堅決確定。在堅決確定的情況下，內心無論產生善或不善等各種妄念就不會造成傷害了。這一個內心產生的妄念，就好像天空出現白雲或黑雲，這些雲出現在天空，也消失在天空，對天空會不會造成傷害呢？不會！因此，確信內心的實相是佛，內心無論出現善的妄念或不善的妄念，自然就逐漸地消失了。

如果能夠經常這樣實修，練習安住在內心實相，這輩子如

此好好做實修,將來死亡在中陰時,各種各類的景象都會出現,各種各類驚天動地的猛烈聲音也會出現,不管出現什麼,自己就絲毫不會感到害怕。我們現在觀修內心的實相,在死亡時,氣中斷時,內心的實相也會真實呈現出來;內心的實相真實呈現出來時,立刻可以契入內心的實相之中,這個時候就是「光明母子相會」。

།དེ་ལས་གཞན་མེད་ལོ་ཐག་བཅད། །ཐག་གཅིག་ཐོག་ཏུ་བཅད་པ་སྟེ་གནད་གཉིས་པའོ།།

此外無他堅決定　唯一之上決定者第二要也

一般來講,經常有這麼一個說法:「大圓滿的瑜伽士死亡了就是成佛。」大圓滿瑜伽士實修者死亡時,我們只是用世俗「死亡」這個名稱去稱呼,說他死亡了,其實在那個時候,他內心的實相(內心實相即是佛)呈現出來,在短暫的那個時間裡,就在他死亡的那個時候,已經成就了佛果。所以有這麼一個說法,用世俗的名稱說大圓滿的瑜伽士死亡了,但實際上是證得佛果。

　　古魯仁波切也曾經說過：「千知萬知不如知一點，一通百通保任心實相。」佛陀講了很多教法，三轉法輪講了三藏十二部，八萬四千法門，不過，佛陀所講的這些教法，後代的人大多數都不能了解，所以佛陀弟子又做了許多註解。就佛陀自己本身所開示的教法，藏文「佛說部」就有一百零三部，此外，把佛陀所開示的教法的思想是什麼，祂所要詮釋的宗旨是什麼，弟子又做了很多註解和開示，說明佛經裡的內容，這是「論典部」。其中，西藏人和中國人所寫的都不算的話，僅僅只是印度的祖師所寫的論典，在藏文裡就有二百三十部，顯然佛法的內容浩瀚沒有邊際。

　　把三藏十二部的典籍好好了解，把八萬四千個法門好好了解，千知萬知實際上意義只有一個，是哪一個呢？內心的實相。佛陀開示的教法這麼多，佛陀的弟子歷代的博士祖師開示的教法也這麼多，所開示的目標都指向什麼？了悟內心的實相。開示這麼多的教法，目的就放在了悟內心的實相，也就是大圓滿所講到的內心的實相。

　　如果透過大圓滿的實修了悟了內心實相，僅僅只是認識這

個項目，就等於九乘次第這些乘門的見地、觀修、行持，全部都可以得到，全部都可以了解了。

譬如若從台灣的天空往下看，可看到整個台灣的情況，這就好像一個大圓滿教法的實修者，證悟了內心的實相，那各種乘門的教法，見地、觀修、行持等功德也就產生了。當然不是只有這個方法可以看到整個台灣，也可以搭火車搭巴士，到北、中、南、東部各地全部走一趟，也能看到整個台灣，不過如果用這種方法，非常辛苦勞累，要花很長的時間，這種辛苦勞累的方法，就像聲聞乘門等小乘其他乘門的見地、觀修、行持即是用這種方法。

「觀修是智愛光也」這部份的內容至此講解完畢。

行持是勝者苗芽

第三項是行持，要做一個詳細的說明。

我們前面談到見地的段落，要做內心實相的直指，上師做了心性直指，對內心的實相直接指示後，弟子產生相信，也有

強烈信心，知道確實是如此，之後逐漸做實修，對於上師所直指的這個見地，自己做過實修之後，非常堅決確定、確實就是如此，相信確實是如此的這種想法產生了，這個就稱爲「見地」。

དེ་ཚེ་ཆགས་སྡང་དགའ་སྡུག་དང་། །གློ་བུར་རྣམ་རྟོག་མ་ལུས་པ།

此時貪瞋喜及苦　無餘偶然之妄念

在見地的時候所了解的這個意義，要用觀修的方式使見地的意義不斷持續存在，如此做，見地也有了正確的了悟，觀修也能夠使見地的意義不斷持續，這個時候是不是我們內心的貪戀、瞋恨、愚癡這些煩惱立刻就完全消滅不見了呢？不可能！就算已經了悟了見地，內心貪戀還是會產生，瞋恨還是會產生，愚癡還是會產生；就算進行觀修，見地的意義能夠持續很久，也不是馬上就滅掉煩惱，也不是煩惱全部都不存在的。

在徹底斷滅煩惱之前，即使了悟見地，也能夠持續觀修，其實內心的貪戀、瞋恨、愚癡都還是會產生。有些人認爲自己在見地上有了正確的了悟，內心就不會再產生貪戀了，或者認

為至少這一年裡，內心都不會再產生貪戀、瞋恨這些煩惱，有些人有這種想法，其實這個目標是不太容易達成的。

我們現在還都是凡夫俗子，在凡夫俗子的階段裡，要持續不斷做實修，慢慢地會得到資糧道的功德，之後逐漸得到加行道的功德，再逐漸進入見道位，在進入見道位時，貪戀、瞋恨、愚癡等煩惱，粗分的部分就斷掉了，但是微細的煩惱還存在，在初地、二地的時候，內心微細的煩惱還是會產生，還是會出現，不是說微細的煩惱全部沒有了。

有一些西藏和印度的佛法學習者去拜見如意寶達賴喇嘛，說：「我要立下誓言，我內心不產生瞋恨之心，我這一生都不產生瞋恨之心。」在如意寶跟前做了這麼一個承諾，如意寶聽了就只是笑一笑。

如意寶達賴喇嘛在後來的開示裡，曾經談過很多次這種情況，表示這實在是誇了大口，因為要使內心不產生瞋恨之心，並不容易達成，如果只是說：「今天一天之內我的內心絲毫不生氣。」都已經不太容易呢，何況是立下誓言：「一生都不產生瞋恨之心。」這是誇了大口。

　　就我們而言，就算見地已經有了正確的了悟，就算觀修能
夠使見地持續，其實內心貪戀還是會出現，愚癡、瞋恨這些也
都還是會出現，有的時候內心會陷入狂喜，非常快樂，有時內
心會沉沒在痛苦之中。總而言之，痛苦、快樂、貪戀、瞋恨
等，各種各類情況都會出現。有時候，沒有什麼對境，莫名其
妙這些情況就會出現，有時候當然是依於一些對境，由於一些
對境，內心不由自主出現各種各類的情況。

　　當我們內心出現這些妄念、貪戀、瞋恨、痛苦、快樂的情
況，在這個時候內心不要渙散，要去辨明清楚妄念，這是相當
重要的。

ཁོ་ཤེས་དང་ལ་རྗེས་འཐུད་མེད། ། གྲོལ་ཆའི་ཆོས་སྐུ་དོས་བཟུང་བས། །
認識況中無後續　　認定解分法身故

　　但是要如何辨明清楚這是一個妄念？當妄念產生的時候，
往往我們會追逐第一個妄念，追逐第一個妄念之後，產生第二
個妄念，產生第三個妄念，產生第四個妄念……。同樣的道

理，當內心妄念產生的時候，語言追隨妄念而去講了很多話，身體追隨妄念而去做了很多動作、造作許多業，各種各類都會出現。這個時候我們應當直接面對面看著這個妄念，去辨明清楚這是一個妄念；如果去面對面看著妄念，辨明清楚這是妄念，妄念就會自然地消失；當妄念消失的時候，也就是說妄念有一個消失的段落、完全沒有的段落，這個段落就是內心的實相。

無論你認識或不認識內心的實相，這個段落都會出現，這也就是內心的實相，所以當內心的實相呈現出來時，應該要認識。如果是一個認識內心實相的人，當然內心實相出現時，可以持續久一點；如果是不認識內心實相的人，內心實相會出現，但是時間非常短暫，接著後面第二個妄念又出現。

總而言之，妄念出現的時候，首先辨明清楚相當重要。

在六道之中，我們現在是投生在人道，人道存在的情況是什麼呢？就自己生活的環境而言，或者是對我們內心和生活有幫助的事事物物，依於自己上輩子的業，這些都有好有壞。除此之外，父母、子女、兄弟、男女朋友，這一切也可以分成善緣和惡緣，如果是善緣的情況，這輩子男女朋友之間感情非常

好，父母、子女之間感情非常好，自然的我得到他們很多幫助，或者是我不想要的、不喜歡的痛苦幾乎都沒有，這種情況就是屬於善的緣分；但是有一些人也許父母造成子女很大的痛苦，或者子女造成父母很大的痛苦，兄弟彼此之間造成很大的痛苦，男女朋友之間造成很大的痛苦，這就是惡業造成的情況。

如果遇到順境善緣的時候，要瞭解到這是自己前輩子所造作、所累積的善業，這輩子自己來受報，因此感受到這些善緣好運，一切都顯得順利。如果上輩子造作惡業，當然這輩子遇到很多惡緣，這些惡緣成熟時，自己很多痛苦困難，就要瞭解這是上輩子所造作的惡業果報，由這輩子承受。

總而言之，善緣出現的時候，自己非常快樂，覺得別人對我幫助很大，這個時候不要有太強烈的執著，也不要有太強烈的貪戀之心，這時需要瞭解這是我上輩子所累積的善業，因為累積這個因，對方不會有這麼大的影響力，讓我得到這麼大的幸福。

如果自己累積不善業，當然這輩子父母、兄弟、子女、朋友等導致自己很多痛苦困難，這時也不用對於對方產生強烈的

憤怒，說父母是壞蛋，子女是壞蛋，男女朋友是壞蛋等，對他們產生強烈的瞋恨，也不需要如此。為什麼呢？因為自己所遇到的這些逆緣困境痛苦，實際上是自己上輩子所造作的惡業，這輩子成熟出果報，自己受到痛苦不是完全都是由對方所造成的，對方不會有那麼大的力量。

也就是說，外緣是由別人所造成、所引發的，但是這個樂和苦的主因，是由於自己上輩子所造作、所累積的善業和不善業，現在成熟出果報。

最重要的是，當內心妄念產生時，要能夠好好地去認識這個妄念，如果能夠去認識，就不會產生第二個妄念、第三個妄念、第四個妄念……，僅僅只是去認識就可以了，認識了，知道這是一個妄念，妄念就會消失不見。

快樂的妄念是如此，痛苦的妄念也是如此。

譬如，100 個人之中，我的老朋友來了，我知道有這麼一件事，因此我到 100 個人裡面去尋找，當然要花一些時間，我找到了，找到後還要不要繼續找呢？不必！因為已經找到了，為什麼還要繼續再找呢？不需要再辛苦勞累，妄念也是如此，

妄念出現了要去認識它，已經認識了，妄念就消失不見了。

　　所以當妄念產生的時候，認識妄念是相當重要的，僅僅只是去認識它，妄念就會消失不見，妄念就會沒有了。當妄念消失沒有了的時候，接下來會不會產生第二個妄念？在前面妄念已經滅掉時，後面妄念還是會產生，但是一定會有一個段落，這個段落就是明空的本質、內心的實相、法性的本質，這個部分我們要去認識，因此，這個認識非常重要。

　　ཁྱོད་ན་ཆུ་ལ་རི་མོ་བཞིན། ཁྲང་ཤར་རང་གྲོལ་རྒྱུན་ཆད་མེད།

例如水面圖畫般　　自現自解續不斷

　　這個情況我們舉一個比喻，就好像用手指頭或用樹枝在水面上畫圖案，紋路才剛畫下去就消失不見了；再畫一個，紋路又消失不見；再畫一個，紋路還是消失不見，能不能有一個完整的圖案讓我們看到？沒有！不會存在。

　　同理，妄念一出現，認識它就消失，再出現，再認識它又消失。

　　沒有實修過大圓滿教法，沒有經驗的人，妄念一定會產生；而大圓滿教法的實修者，有經驗的人，妄念也是會產生。就妄念的產生而言，有實修的人和未實修的人都一樣，都會產生，這點完全相同。

　　但是當妄念出現時，沒有實修佛法的人不會認識這是妄念，也不會運用妄念來做實修；如果是大圓滿的實修者，他有經驗，當妄念出現時，會認識這是妄念，會運用妄念來做實修，之後妄念自然地消失掉。

　　如果說像在水面上畫圖案，這就是指有實修經驗者的妄念情況；如果說像在石頭上雕刻圖案，這就是指沒有實修經驗者的妄念和煩惱產生的情況。所以，煩惱產生、消滅的情況，在有實修者和沒有實修者之間其實是有差別的。

ཅི་ཤར་རིག་སྟོང་རྗེན་པའི་ཟས། ཇི་འགྱུ་ཆོས་སྐུ་རྩལ་པོའི་ཚལ།

任現覺空生飲食　浮動法身王力道

　　如果是大圓滿有實修經驗的實修者，各種各類的妄念產生

時，這些妄念對實修只會產生幫助，不會有傷害。譬如一個人飢餓無比，在非常飢餓的狀況下，吃粗糙的食物，他會覺得肚子飽了，也會覺得這個食物非常香甜美味；如果他吃山珍海味，肚子也是吃飽了，他一樣覺得這個食物也是非常香甜美味。

大圓滿實修者就是如此，善的妄念產生了，不善的妄念產生了，對他的實修只有百利而無任何傷害。如果是一個沒有實修經驗的人，妄念產生時，會覺得不好，內心感到驚慌害怕，覺得自己不應該有這些念頭。

就好像在大海上划小艇，如果是一個沒有經驗的人，大浪打過來，心慌意亂，覺得非常恐怖害怕，落荒而逃；如果是一個有經驗的行家，大浪打過來，起起伏伏，他划著小艇會覺得非常快樂，絲毫不感到害怕。

又譬如天空濃雲密布時，如果飛機飛過去，受氣流影響，造成許多干擾，讓飛機搖擺不停。這種情況就像是沒有實修經驗的人，妄念產生時，覺得自己分別心太重，身體不快樂，內心也不快樂，如果白天產生不好的念頭，夜晚就睡不著覺，很

擔心，覺得很痛苦，各種各類的情況都發生了。

　　但如果是一個有實修經驗的人，任何妄念產生時，妄念一出現馬上就會消失，在內心裡根本就不會存在很久，這就好像天空濃雲密布，烏雲會對天空發生什麼影響嗎？不會！絲毫不會發生影響。

　　妄念各種各類，不管產生多少，不管什麼類型，妄念出現時，面對面看著妄念，去認識妄念的本質，仔細用理性好好地去做一個推理分析。所謂的妄念，最初從何而來？會發現找不到它的來源處所；妄念從什麼地方出現？也找不到；中間妄念存在什麼地方？停留在什麼地方？會發現也找不到；最後妄念消失不見，它在什麼地方跑掉了？到底消失在什麼地方？同樣也找不到。

　　所以，從頭到尾用理性好好地分析檢查一下，所謂的妄念是什麼？會發現妄念是沒有、無，無就是空性，空性就是法身，因此，當任何各種各類的妄念浮現出來時，對這個妄念要確實認識，妄念呈現時就是法身本質出現的時候；妄念再三的出現，也就是法身的本質再三的出現。

因此，也可以這樣說：妄念的出現就是在對我們再三介紹法身，對我們的實修實際上只有幫助，不會有任何傷害。

|ཇེས་མེད་རང་དག་ཨ་ལ་ལ།

無痕自淨阿拉拉

如果我們已經認識妄念，因為認識妄念之故，不會由於妄念而造作很多惡業，這種情況就好像走在海邊沙灘上，即使走了100步，有沒有留下任何一個腳印呢？沒有！因為每走一步，海水沖過來就把腳印沖掉了。

大圓滿的實修者也是如此，妄念產生是產生了，但是妄念不會持續，不會停留很久就消失掉了，也就是說，在內心產生是產生了妄念，但內心產生妄念之後，並沒有產生貪戀執著。

如果一個沒有實修經驗的凡夫俗子，內心產生了妄念，緊接著這個妄念後面，對妄念產生了貪戀執著，第二個妄念出現，對這個妄念又有貪戀執著，第三個妄念出現，對這個妄念同樣又有貪戀執著……，因為有貪戀、執著，因此就累積了很

多的業，也就累積了很多投生在輪迴的因，越來越多。

這種情況就好像在泥巴上走路，如果走 100 步，就會留下 100 個腳印，這 100 個腳印都不會消失。

如果是大圓滿實修者，有經驗，當妄念出現了，面對這個妄念，認識它的本質，沒有執著、沒有貪戀，妄念自然消失不見了；後面妄念再產生了，又認識它的本質，對它也沒有貪戀、沒有執著，妄念又消失了。所以產生是產生了妄念，但是不會因為這個妄念累積惡業，因為沒有累積惡業之故，也就不會累積投生在輪迴的因。

這種情況就好像在海邊走 100 步，海水沖過來腳印就立刻消失不見了，沒有留下任何腳印。

所以，不管是誰，妄念是產生了，最重要的是緊接著在妄念的後面，下一剎那不要對這個妄念產生貪戀執著，這個非常重要。

因此，在海邊走 100 步的腳印，如果我要把它抹掉，需不需要花力氣？不需要！根本不用自己花力氣，因為海水一沖，腳印就完全不存在了。但是在泥巴上走 100 步，那就要花力氣

了，不是要靠一陣大風把它吹勻或吹走，就是得靠其他人把腳印覆蓋掉，如果不靠任何力量，腳印會一直存在。

大圓滿的瑜伽士實修者，內心產生是產生了妄念，但是因為認識妄念，妄念又消失不見了，這個情況也像蛇的身體打了一個結，需不需要靠任何人幫牠解開？不需要！蛇的身體打一個結牠自然就解開，不需要麻煩任何人花力氣。

如果是一個沒有實修經驗的人，情況就好像是繩子打了一個結，之後不管經過多少年，這個結始終都存在，如果不靠另外一個外力去把它鬆開，這個結永遠存在，不會自己消失。

一個沒有實修經驗的人，內心產生了妄念，接著，對這個妄念產生貪戀、執著，由於貪戀、執著，造作累積許多業。如果要把這個業去除掉，有兩種方式，一是自己修懺罪法，清淨去除惡業；二是等待業的果報成熟，如果惡業的異熟果報出現，當然惡業也就消失不見。如果不是用兩種方法，即使歷經百千萬年，這個業始終存在，不可能消失不見。

所以，要去認識妄念，如果認識，在下面一個妄念產生之前，對前面這個妄念不要貪戀，也不要執著，這是相當重要的。

།འཆར་ལུགས་སྔར་དང་འདྲ་བ་ལས། །གྲོལ་ལུགས་ཁྱད་པར་གནད་དུ་ཆེ

現軌與前同之外　解軌特別大關鍵

一個有大圓滿實修經驗的人，已經由上師直接指示了悟見地，能夠觀修，又能夠持續，行持上又能夠隨順佛法而行，即使是這樣，妄念還是會出現。而一個完全沒有大圓滿的見地、觀修和行持的人，當然妄念也是會產生。就妄念的產生而言，有實修者和沒有實修者這點沒有差別，二者的內心會產生貪戀，也會產生瞋恨；會產生好的念頭，也會產生壞的念頭。

那麼，有實修者和沒有實修者的差別在哪裡呢？差別在妄念的消失上。如果是一個沒有做過實修的人，妄念出現了，他不會認識這個妄念，沒有辦法在這裡得到解脫。如果是一個已經由上師開示見地，做過心性直指，自己也持續觀修的人，當然貪瞋癡也會出現，好的念頭、壞的念頭等也都會出現，但是當這些妄念出現時，能夠去認知這些是妄念，因為認知妄念，妄念自然消失了，因此得到了解脫。

總而言之，做過見地心性直指、有觀修經驗的人，就像蛇

的身體打一個結，自己自然就會打開消失掉；沒有做過見地心性直指、沒有觀修經驗的人，就好像繩子打一個結，不會自己消失。前者又好像在海邊沙灘走 100 步，足印不用花力氣就自然消失掉；後者又好像在泥土上走 100 步，足印永遠都存在。

　　不管是在沙灘上還是泥巴上走路，腳都是抬起來、放下去，腳也是踩在地面，一模一樣，走路的方式雖然相同，但是一個會留下腳印，一個不會留下腳印，這就有很大的差別。

　　沒有實修過的人，妄念產生了，緊接著妄念之後，有貪戀、有執著，如果是一個有實修經驗的人，產生了妄念，但是妄念後面沒有貪戀、沒有執著。所以在緊接著的下一剎那，沒有貪戀、沒有執著，這是非常重要的。妄念產生時，去認識妄念的本質，妄念的本質是空性，既然它是空性，對空性如何有貪戀、如何有執著呢？這是解脫的方式，所以解脫的情形就有很大的差別了。

　　有實修者和沒有實修者，譬如憤怒的產生，這一點是相同的，有實修的人也會憤怒，沒有實修的人也會憤怒，這一點都相同，不過憤怒消失的情況就有很大的差別了。這個情況就好

像世俗的天神也有忿怒的天神，眼睛圓圓的、血盆大口露出獠牙，西藏佛教的本尊也有忿怒尊，外形也是血盆大口露出獠牙，這點二者相同，不過內心的悲心就有很大的差別了。

所以「現軌與前同之外，解軌特別大關鍵」，妄念出現的規則、方式，有實修和沒有實修完全一樣，不過讓妄念解脫的方法那就非常的特別，這是非常重要的關鍵。

།འདི་མེད་སྒོམ་པ་འཁྲུལ་པའི་ལམ། །འདི་ཕུན་མ་བསྒོམས་ཆོས་སྐུའི་ངང་།

無此修即錯亂道　有此不修法身況

།གདེངས་གྲོལ་ཐོག་ཏུ་བཅར་བ་སྟེ་གནད་གསུམ་པའོ།།

解脫之上把握者第三要也

所以，當產生妄念時，要去認識妄念的本質。如果去認識妄念的本質，妄念就會解脫消失掉。如果妄念出現了，沒有這個使妄念解脫、消失的口訣，例如我們修安止，修了安止因為欠缺使妄念解脫的口訣，所實修的安止會變成再度迷惑錯亂投

入輪迴的因，沒有辦法透過這個觀修而脫離輪迴。

進一步說明，譬如修安止，逐漸產生快樂的覺受。當快樂的覺受出現時，對快樂的覺受產生了執著，沒有使它解脫、消失掉。這個執著是一個微細的妄念，會導致將來繼續投生在欲界，所以，這個安止的實修不僅沒有脫離輪迴，由這個實修反而投生在欲界。

一樣的道理，修安止時產生一點點神通，能夠看見內外、能夠了知對方內心在想什麼，對這小小的神通產生了執著，這個執著也是一個微細的妄念，會導致下輩子又繼續投生在色界，所以這個實修會變成投生在輪迴的因，而不是解脫輪迴的因。

又例如修安止，不斷地實修，心非常堅固穩定，妄念完全消失不見。這個時候發現自己沒有絲毫的念頭，也沒有妄念，對沒有妄念、沒有分別心的情況產生了執著。這個執著是個微細的妄念，當這種執著成熟，下輩子會投生在無色界，所以這個實修本身是投生在無色界的因，而不是解脫輪迴的因。

上述種種情況就是在妄念出現時，沒有使妄念解脫消失的口訣，因此才會導致無法脫離輪迴。

　　因此，如果欠缺讓妄念解脫消失的口訣，那不管你做任何觀修，這個觀修本身不會離開輪迴，反而是墮入輪迴的因，是走在迷惑錯亂的道路，所以「無此修即錯亂道」。如果沒有使妄念消失的口訣，欠缺這個部分，所做的任何觀修都是錯亂的道路，都是迷惑的道路。

　　所以，妄念出現的時候，接下來就要使妄念解脫消失掉，這個口訣非常重要，如果妄念出現時，能掌握口訣讓妄念自然消失掉，那麼實際上可以說不必做任何觀修，因為妄念出現就出現了，可是這個妄念本身自然地消失，因此不會由於這個妄念而造作投生在輪迴的業；如果沒有投生在輪迴的因，那當然不會投生在輪迴，也就解脫了。

　　因此，妄念出現的時候，對妄念要認識，在妄念出現後的第二剎那，緊接著對妄念也沒有貪戀、也沒有執著，這是非常重要的關鍵要點。

　　關於大圓滿的行持這個部分，這裡談到許多，不過沒有討論身體的行持，也沒有討論語言的行持，所討論的是內心的行持，內心的行持是什麼呢？內心的行持就是無論內心產生善的

妄念還是不善的妄念，在這個時候要去認識妄念本身，之後使妄念解脫消失，這非常重要，這就稱爲「大圓滿的行持」。

　　例如善念產生的時候，去認知善的念頭本質，對善的念頭不要有貪戀也不要有執著；不善的念頭出現的時候，去認知這是個不善的念頭，對它不要有貪戀也不要有執著。

　　舉例而言，如果天空出現烏雲密布，我們會想「這是個壞天氣」，理由當然是因爲烏雲把陽光蓋住了；如果天空只有白雲，我們會想「今天天氣還不壞」，但是其實白雲也是把陽光蓋住了。

　　同樣道理，內心惡的念頭出現時，我們會想到這是一個不善的念頭，這是不好的，它把內心實相蓋住了；如果內心出現善的念頭，我們會認爲這是善的念頭，這是好的，事實上它也把內心實相蓋住了。所以，不管是善的念頭還是不善的念頭，對這個念頭、妄念本身，不要有貪戀也不要有執著，這就稱爲「大圓滿的行持」。

　　因此，就行持本身能夠掌握，就不會繼續投生在三界輪迴裡，妄念產生了，但是沒有累積投生的因，所以不會投生在三

界輪迴裡，這點一定要有一個堅決確定的把握。

｜གནད་གསུམ་ལྡན་པའི་ལྟ་བ་ལ།
具足三要之見地

前面所解釋的大圓滿見地的部分、觀修的部分和行持的部分共三個項目，至此已經講解完畢了，無論是哪一項，實際上都是朝向內心實相這個項目。見地的部分，實際上指的是內心實相；所解釋的觀修的部分，內容也是內心的實相；所談到的行持，內容指的還是內心的實相，所以相同的只有一項，就是內心的實相，只不過分別透過見地來解釋內心的實相，透過觀修來解釋內心的實相，透過行持來解釋內心的實相，用這種方式進行，因此區分成三項。萬流歸宗，最後匯歸之處就是內心的實相。

在透過見地來解釋內心的實相時，是要說明心在什麼地方，好好用理性分析念頭產生時，我在想什麼？念頭產生有個心存在哪裡？念頭出現是從什麼因而產生？從什麼緣而產生？

把因仔細分析一下，把緣仔細分析一下，全都找不到！如果因和緣都找不到，那麼我們所產生的這個心、念頭有沒有呢？也沒有！如果說果的部分，妄念存在，那它最初存在什麼地方？中間停留在什麼地方？最後消失在什麼地方？把它的初、中、後，來源之處、停留之處、消失之處，仔細用理性分析尋找，發現了不可得，內心的念頭絲毫找不到，這個部分就是內心的實相，就是空性。

不過，我們談到空性時，並不是說它像空房子，裡面空空洞洞，也不是說我抬頭看天空，天空什麼都沒有，不是這種情況。直接去尋找自己的內心當然是了不可得，找都找不到，不過雖然內心找不到、了不可得，但還有一個明白瞭解的能力存在，這就是內心明分的部分。

也就是說，仔細尋找內心卻找不到，這是空性的部分，雖然說是空性，可是有一個明白理解的能力，這是明晰的部分，換句話說，心本身是明空雙運的本質。

說內心是明空雙運的本質，好像是有，但說它是有卻沒有形狀，也沒有顏色，也不是物質體，那麼它就是沒有囉，不過

說它沒有，又好像是有，前面就講心是明空雙運的性質。這就
是內心的實相。

|མཁྱེན་བརྩེ་འབྲེལ་བའི་སྒོམ་པ་དང་། །རྒྱལ་སྲས་སྤྱི་ཡི་སྤྱོད་པ་གྲོགས།
輔以關聯智愛修　　及與勝子總行持

　　在見地上這樣說明內心實相後，接下來要進行觀修，針對
內心實相，在見地時所說明的空性進行觀修的時候，逐漸地，悲
心自然流露出來，因此這是空性和悲心雙運的實修方式。

　　在空性還有悲心雙運實修之下，還要做到佛子菩薩的行
持。佛子菩薩的行持就是六度波羅蜜，應當要做布施，也要做
持戒，也要做安忍，也要做精進，也要觀修安止，經常用智慧
分析一下萬法的實相，這六項對我們而言都非常必要。

　　古魯仁波切曾經告訴赤松德贊國王說：「大國王，我的大
圓滿實修，當然是以見地爲主，但見地的後面一定還要有行持
存在，所以說見地不失行持相當重要。」見地上抉擇一切都沒
有，如果見地的後面丟掉行持，說沒有善、沒有惡，一切都沒

有，那麼就和外道的見地沒有差別，會發生這種危險。

所以，在說明見地時，提到萬法都不能夠成立，是空性，因此輪迴也不能夠成立，涅槃也不能夠成立，善業也不能夠成立，罪業也不能夠成立，會這樣說明。有些人就會自作聰明想：善業也不存在，罪業也不存在，因此不必做任何事；既然善業不存在，不必做任何實修，不必做任何學習；既然罪業也不存在，輪迴也不存在，那我作惡造罪業也沒關係；如果涅槃不存在，那就是說我不必做善業，因為沒有涅槃的果位可以得到……。像這些想法都是錯誤的見地，會導致自己的功德證悟不會進步，還會累積很多惡業。

我們如果用理性來做一個分析，善業不能夠成立，罪業不能夠成立，輪迴不能夠成立，涅槃不能夠成立，這都是指見地現前呈現的時候。在見地沒有呈現之前，像我們現在這個凡夫的狀況，前面講的見地根本就沒有現前，我們聽了是了解了，知道：「喔，善業不能夠成立，罪業不能夠成立，輪迴不能夠成立，涅槃不能夠成立。」這個是屬於了解的見地，僅僅只是了解而已，這個見地有沒有現前呈現？沒有！如果只是一個了

解的見地，還沒有現前呈現出來，雖然善業不成立，沒有自性存在，但還是要努力去做；罪業是不成立，但還是要把它斷掉；輪迴是不成立，但也要恐懼害怕輪迴的痛苦，希望不要投生在輪迴裡；涅槃是不成立，但對涅槃也一定要有熱切追求之心，經常迴向發願追求涅槃，這些都非常重要。

此外，認為善業不成立、罪業不成立，輪迴不成立、涅槃不成立，因此任何事也不要做，這樣的話實在是太容易了，如果不做任何工作不做任何實修，就能夠成就佛果，在佛陀的《本生傳》也有提到，佛陀薄伽梵行菩薩道時，布施頭、手、腳，歷經千辛萬苦，這種事蹟傳記非常多，那這些都完全不需要了。

其次，古魯仁波切也曾經告訴赤松德贊國王：「大國王，我的大圓滿實修裡以行持為主，但是行持後面要緊跟著見地，行持不失見地。」

行持沒有丟掉見地，沒有失去見地，這是相當重要的。

「行持不失見地」的意思，譬如：我，不存在，沒有；仔細分析，當然是「無我」，在《功德寶藏》裡已經談到非常多

了。在見地上當然是分析出無我，但見地上雖然說是無我，不過我們還是會頭痛，還是會肚子餓，身體還是會冷、會熱，所以在見地沒有現前之前，我們要注意身體的營養，保健身體，身體太冷會有疾病，身體太熱也會有疾病，一定要重視保健這個身體。

在見地上提到沒有身體、沒有我，但是在見地還沒有呈現之前，無論如何，對自己的身體要重視要注意健康。如果不重視身體的健康，人類的身體非常難以得到，以後也很難再得到。

就一個佛法的行者而言，能夠多活一天就多造一天的善業，就多一天的實修；能夠多活一年就多造一年的善業，就多一年的實修，而且也少造罪業，罪業還要逐漸地減少，所以一個行者的壽命如果可以活得長久，有非常大的好處。

所以在見地上是抉擇無我，身體也沒有自性存在，如果這樣，那活和死也沒有差別，我這個身體沒有精華可言，身體壞掉、丟掉也可以。如果這樣講，就是他的行持裡丟掉了見地，沒有保有見地。如果見地現前呈現，那倒是可以這樣子，因為見地現前呈現出來，布施身體也不會有痛苦的感受；如果見地

還沒有現前呈現，快樂的感受也會存在，痛苦的感受也會存在，這個時候對身體就要很重視，要注意營養、要保健，這些都非常重要，對前面的了解，我們應當重視之後，如實實修。

།དུས་གསུམ་རྒྱལ་བའི་ཞལ་བསྒྱུར་ཀྱང་། །འདི་ལས་ལྷག་པའི་གདམས་ངག་མེད།

三時勝者雖會談　　實無教誡更勝此

།རིག་རྩལ་ཆོས་སྐུའི་གཏེར་སྟོན་གྱིས། །ཤེས་རབ་ཀློང་ནས་གཏེར་དུ་སྦྱངས།

覺力法身伏藏師　　勝慧界中取為藏

།ས་རྡོའི་བཅུད་དང་འདི་མི་འདྲ།

此不同於土石精

前面所提到的內心實相方面，見地、觀修、行持三個項目，如果過去的佛、現在的佛、未來的佛，三世諸佛一起聚會，商量討論見地是不是這個樣子？觀修是不是這個樣子？行持是不是這個樣子？三世諸佛聚會討論所解說的內容也是這個

樣子，也不會超出現在所講的範圍之外。

　　因此，這裡所談到的大圓滿的見地、觀修、行持三個項目，可以說是內心的實相，也就是法身，是法身的寶藏。這個法身的寶藏是由勝慧界之中所挖掘出來的寶藏，勝慧界是指巴珠仁波切將大圓滿的見地、觀修、行持，在上師的跟前聽聞，得到的聞所生慧，將所聽聞的意義做了思惟，有思所生慧，由聽聞和思惟之後，將大圓滿的見地、觀修、行持三個項目寫成文字，也就是現在講的這些內容，他們是法身的寶藏。

　　這和一般世俗的寶藏有很大的不同，世俗所謂的寶藏，例如：金礦、銀礦、鐵礦、鑽石或石油，是從地下挖掘出來的寶藏，這種世俗的寶藏和大圓滿見地、觀修、行持這三項法身的寶藏，當然有很大的不同。

　　世俗的寶藏，無論金礦、銀礦、鑽石或石油，如果我們挖到這些，好好運用，這輩子生活會非常快樂，但是如果不會好好運用，反而用這些財富傷害眾生，自己又造作嚴重的罪業，繼續投生在三界輪迴裡。

　　話說回來，無論你妥善運用或不妥善運用，能不能讓我們

脫離三界輪迴呢？不可能！

　　相反地，大圓滿的見地、觀修、行持這個法身的寶藏，如果我們能正確運用，如理實修，不僅自己這輩子內心會非常快樂，下輩子還能脫離三界輪迴痛苦的大海，這是解脫的原因。因此，見地、觀修、行持這三個項目法身的大寶藏，與一般世俗金銀銅鐵的寶藏當然有非常大的不同。

| དགའ་རབ་རྡོ་རྗེའི་ཞལ་ཆེམས་ཡིན། |བརྒྱུད་པ་གསུམ་གྱི་ཐུགས་བཅུད་ཡིན།

極喜金剛之遺教　三種傳承意精華

　　前面所提到的大圓滿見地、觀修、行持，是屬於化身極喜金剛的涅槃遺教。涅槃遺教的意思是指，化身極喜金剛的直接傳承弟子文殊友依止極喜金剛為上師，學習教法 70 年，最後化身極喜金剛進入涅槃，文殊友再三誠懇祈請，因此極喜金剛又出現了，示現時賜給文殊友一個像大拇指指甲一樣小的寶盒，寶盒裡就寫了大圓滿見地、觀修、行持，每一句非常簡略，只用幾個字說明大圓滿的見地、觀修、行持，這是化身極

喜金剛涅槃後所做的開示，所以稱爲「涅槃遺教」。

當文殊友見到這個教法內容時，他內心的證悟和化身極喜金剛內心的證悟達到無二無別，完全如一，後來文殊友的弟子師利僧哈，也就是中國的成就者吉祥獅子，吉祥獅子依止文殊友爲上師，學習教法 40 年，之後文殊友將大圓滿見地、觀修、行持的口訣傳授給吉祥獅子，吉祥獅子得到這個口訣簡略的開示時，內心的證悟也和上師文殊友達到無二無別。

在雪域西藏是由大遍智龍欽巴尊者傳授、流傳，大遍智龍欽巴尊者實修大圓滿法一輩子，在一輩子之中一個身體就成就佛果，即身成佛。到這裡爲止是屬於勝者尊意的傳承。

大遍智龍欽巴尊者的弟子就是吉美林巴，吉美林巴歷經非常多年的閉關，實修上師相應法，上師就是大遍智龍欽巴尊者，他再三地實修上師相應法之故，因此龍欽巴尊者示現三次本智身傳授口訣，之後，吉美林巴和上師的心意證悟達到無二無別，到這裡爲止是持明指示傳承。

關於士夫耳朵傳承的部分，吉美林巴的弟子就是巴珠仁波切的上師吉美賈維紐古，吉美林巴傳授給吉美賈維紐古，也是

以簡略的詞句向他開示大圓滿的見地、觀修、行持。之後，吉美賈維紐古傳授給巴珠仁波切，這個段落是屬於士夫耳朵的傳承。

具足三種傳承，這三種傳承的精華凝聚在一起，就是我們這裡所講的大圓滿見地、觀修、行持這三個項目。

|སྟེང་གི་བུ་ལ་གཏད་དོ་རྒྱ། །ཟབ་དོན་ཡིན་ནོ་སྙིང་གི་གཏམ།

付予心之子矣印　深義是矣心之語

像前面所講的這樣的大圓滿見地、觀修、行持是傳授給內心之子的口訣。所謂內心之子（心子）意思是指對大圓滿見地、觀修、行持相信而且有信心，相信它是非常重要的，而且對於上師也有強烈的信心，同時也能夠去實修大圓滿的見地、觀修、行持，能夠做到的話就是內心之子。對於這種內心之子就應當把大圓滿的見地、觀修、行持口訣傳授給他。

傳授的方式也不是在很多人聚集一起，隨隨便便傳授，傳授的方式應當是隱密的，就好像是內心話一樣，內心話的意思

是指，在世俗之人中，一定是密友或最要好的朋友才講內心話，不是最要好的朋友不會講內心話。一樣的道理，前面提到對大圓滿的教法有強烈的信心，對上師有強烈的信心，又能夠做實修的這種內心之子，那就是適合傳授大圓滿見地、觀修、行持的一個對象。如果不具備這種條件，就不應當傳授。

ཁྱེད་གཅམ་ཡིན་ནོ་དོན་གྱི་གནད།　དོན་གནད་ཡལ་བར་མ་འདོར་ཅིག

心語是矣義關鍵　義要至盼勿散失

ཁྱད་མས་ངག་ཟགས་སུ་མ་འཆུག་ཅིག

至盼勿漏失教誡

因此，所傳授的大圓滿見地、觀修、行持，是非常重要的關鍵，對這個教法不應當輕視，對這個教法也不要浪費掉，不要浪費是指自己學習教法、聽聞教法的內容、思惟教法的內容，也是歷經千辛萬苦，所以已經學習了卻不重視，把它丟掉或束諸高閣，這就是浪費了口訣。已經求得重要的教法之後，應當經常去思惟，大圓滿的見地內容是什麼、觀修是什麼、行

持又是什麼，經常努力做一些實修。

　　如果因為上輩子的業力不清淨，即使這輩子努力做實修，也無法得到證悟，但是就算這輩子沒有證悟，也要相信大圓滿的教法確確實實非常重要，這是甚深的關鍵。就算我這輩子沒有得到證悟，因為大圓滿是甚深的教法，我也迴向發願希望下輩子能夠實修這個教法，由這個教法得到證悟，如果這樣子努力，那就算沒有浪費口訣了，可以說是很重視這個口訣了。

|མཁས་པ་སྲི་རྒྱལ་པོའི་ཁྱད་ཆོས། །སརྦ་མངྒ་ལཾ།

博士師利王之特勝法　薩爾瓦曼噶朗

　　這個口訣也是巴珠仁波切所傳授的口訣，稱為巴珠仁波切的口訣。

結語

　　《三句擊要》講解完畢了，所講授的內容會製作成 CD，除了經常來中心的弟子可以反覆聽聞 CD 外，其他人如果只是偶而來，就要請求口傳，要聽聞 CD，恐怕就不太好了。因為這種情況就表示對大圓滿的教法不太恭敬，如果對教法不太恭敬，就算是聽聞 CD 內容，對自己也不會有利益的。

　　這種人，除非先把《功德寶藏論》❶的 CD 片全部聽完或書看完，才能請求口傳和聽《三句擊要》的 CD 片，這樣是可以的；或者已經把皈依等前行 50 萬遍都做完了，來請求口傳和聽《三句擊要》的 CD 片，當然也可以；或者已經把我們之前傳授的〈嗡啊吽〉三種子字的實修，至少前面三階段實修也都做完了來請求口傳、請求聽《三句擊要》的 CD，那也可

註釋：

❶已由橡樹林出版社出版《本智光照——功德寶藏論》，分為顯宗分及密宗分兩冊。

以。如果不是上述這幾種情況，隨隨便便就來中心請求口傳、

要聽《三句擊要》的 CD，那大概沒有什麼用處，如果沒有什

麼用處，就不要聽會比較好。

　　非常謝謝大家。

【附錄】

口訣根本文

༄༈ ‖ ཚིག་གསུམ་གནད་བརྡེག་མན་ངག་གི་རྩ་བ་བཞུགས་སོ ‖

༄༈ ‖ 立題曰三句擊要口訣根本文 ‖

བླ་མ་ལ་ཕྱག་འཚལ་ལོ།

誠心頂禮上師

ལྟ་བ་ཀློང་ཆེན་རབ་འབྱམས་ཡིན།	སྒོམ་པ་མཁྱེན་བརྩེའི་འོད་ཟེར་ཡིན།
見地是大界浩瀚	觀修是智愛光也

སྤྱོད་པ་རྒྱལ་བའི་མྱུ་གུ་ཡིན།	དེ་ལྟར་ཉམས་སུ་ལེན་པ་ལ།
行持是勝者苗芽	如前實踐修持時

ཚེ་གཅིག་སངས་རྒྱས་ལ་ཐང་མེད།	མིན་ཀྱང་བློ་བདེ་ཨ་ལ་ལ།
一生成佛無辛苦	否亦心樂阿拉拉

ལྟ་བ་ཀློང་ཆེན་རབ་འབྱམས་ནི།	ཚིག་གསུམ་དོན་གྱི་གནད་དུ་བརྡེག
見地大界浩瀚者	三句擊為義關鍵

175

།དང་པོ་རང་སེམས་ལྷོད་དེ་བཞག །མི་སྒོམ་མི་བསྲུ་རྣམ་རྟོག་མེད།

首先我心置鬆坦　不放不收無妄念

།དང་ལ་ཕྱམ་གནས་ལྷོད་དེའི་དུས། །ཐོལ་བྱུང་བློ་རྡེག་ཕཏ་ཅིག་རྒྱབ།

等住此況鬆坦時　驀然擊心呼一呸

།དྲག་ལ་ངར་ཐུང་ཨེ་མ་ཧོ། །ཅི་ཡང་མ་ཡིན་ཧད་དེ་བ།

猛烈力短耶瑪霍　任皆不是楞楞然

།ཧད་དེ་བ་ལ་ཟང་ཐལ་ལེ། །ཟང་མ་ཐལ་བྱུང་བརྗོད་དུ་མེད།

楞楞然且為通澈　赤裸直通無言詮

།ཆོས་སྐུའི་རིག་པ་ངོས་ཟུང་ཤིག །ངོ་རང་ཐོག་ཏུ་སྤྲད་པ་སྟེ་གནད་དང་པོའོ།།

法身覺性請認定　本貌之上直指者第一要也

དེ་ནས་འཕྲོའམ་གནས་ཀྱང་རུང་། །ཁྲོའམ་ཆགས་སམ་སྐྱིད་དམ་སྡུག །

其後放或住亦可　或怒或貪樂或苦

།དུས་དང་གནས་སྐབས་ཐམས་ཅད་དུ། ཊྭོ་ཤེས་ཆོས་སྐུ་ངོས་བཟུང་ལ།

一切時常暫時中　　認定舊識法身下

།སྔར་འདྲིས་འོད་གསལ་མ་བུ་སྤྲད། བརྗོད་མེད་རིག་ཆའི་ངང་ལ་བཞག

前熏光明母子會　　置於無詮覺分況

།གནས་བདེ་གསལ་འཕྲོ་ཡང་ཡང་བཤིག ཐབས་ཤེས་ཡི་གེ་གློ་བུར་འབེབས།

再再毀住樂明續　　方慧文字偶然降

།མཉམ་བཞག་རྗེས་ཐོབ་ཐ་དད་མེད། ཐུན་དང་ཐུན་མཚམས་དབྱེ་བ་མེད།

等置後得無相異　　修座座際無分別

།དབྱེར་མེད་ངང་དུ་རྒྱུན་དུ་གནས། འོན་ཀྱང་བརྟན་པ་མ་ཐོབ་བར།

無別況中持續住　　直至尚不得堅固

།འདུ་འཛི་སྤངས་ནས་བསྒོམ་པ་གཅེས། མཉམ་གཞག་ཐུན་དུ་བཅད་ལ་བྱ།

捨棄喧譁愛觀修　　應行入座修等置

།དུས་དང་གནས་སྐབས་ཐམས་ཅད་དུ། །ཆོས་སྐུ་གཅིག་པོའི་ཡོ་ལངས་བསྐྱང་།

一切時常暫時中　保任一法身紛紜

།དེ་ལས་གཞན་མེད་ལོ་ཐག་བཅད། །ཐག་གཅིག་ཐོག་ཏུ་བཅད་པ་སྟེ་གནད་གཉིས་པའོ།།

此外無他堅決定　唯一之上決定者第二要也

།དེ་ཚེ་ཆགས་སྡང་དགའ་སྡུག་དང་། །གློ་བུར་རྣམ་རྟོག་མ་ལུས་པ།

此時貪瞋喜及苦　無餘偶然之妄念

།ངོ་ཤེས་ངང་ལ་རྗེས་འཛིན་མེད། །གྲོལ་ཆའི་ཆོས་སྐུ་ངོས་བཟུང་བས།

認識況中無後續　認定解分法身故

།དཔེར་ན་ཆུ་ལ་རི་མོ་བཞིན། །རང་ཤར་རང་གྲོལ་རྒྱུན་ཆད་མེད།

例如水面圖畫般　自現自解續不斷

།ཅི་ཤར་རིག་སྟོང་རྗེན་པའི་ཟས། །ཇེ་འགྱུ་ཆོས་སྐུ་རྒྱལ་པོའི་རྩལ།

任現覺空生飲食　浮動法身王力道

།ཇེས་མེད་རང་དག་ཨ་ལ་ལ། །འཆར་ལུགས་སྔར་དང་འདྲ་བ་ལས།

無痕自淨阿拉拉　　現軌與前同之外

།གྲོལ་ལུགས་ཁྱད་པར་གནད་དུ་ཆེ། །འདི་མེད་སྒོམ་པ་འཁྲུལ་པའི་ལམ།

解軌特別大關鍵　　無此修即錯亂道

།འདི་ཕྱིན་མ་བསྒོམ་ཆོས་སྐུའི་ངང་། །གདེངས་གྲོལ་ཐོག་ཏུ་བཅའ་བ་སྟེ་གནད་གསུམ་པའོ།།

有此不修法身況　　解脫之上把握者第三要也

།གནད་གསུམ་ལྡན་པའི་ལྟ་བ་ལ། །མཁྱེན་བརྩེ་འབྲེལ་བའི་སྒོམ་པ་དང་།

具足三要之見地　　輔以關聯智愛修

།རྒྱལ་སྲས་སྤྱི་ཡི་སྤྱོད་པ་གྲོགས། །དུས་གསུམ་རྒྱལ་བའི་ཞལ་བསྟར་ཀྱང་།

及與勝子總行持　　三時勝者雖會談

།འདི་ལས་ལྷག་པའི་གདམས་ངག་མེད། །རིག་རྩལ་ཆོས་སྐུའི་གཏེར་སྟོན་གྱིས།

實無教誡更勝此　　覺力法身伏藏師

།ཤེས་རབ་ཀློང་ནས་གཏེར་དུ་བླངས། །ས་རྡོའི་བཅུད་དང་འདི་མི་འདྲ།

勝慧界中取為藏　　此不同於土石精

།དགའ་རབ་རྡོ་རྗེའི་ཞལ་ཆེམས་ཡིན། །བརྒྱུད་པ་གསུམ་གྱི་ཐུགས་བཅུད་ཡིན།

極喜金剛之遺教　　三種傳承意精華

།སྙིང་གི་བུ་ལ་གཏད་དོ་རྒྱ། །ཟབ་དོན་ཡིན་ནོ་སྙིང་གི་གཏམ།

付予心之子矣印　　深義是矣心之語

།སྙིང་གཏམ་ཡིན་ནོ་དོན་གྱི་གནད། །དོན་གནད་ཡལ་བར་མ་འདོར་ཅིག

心語是矣義關鍵　　義要至盼勿散失

།གདམས་ངག་ཟགས་སུ་མ་འཇུག་ཅིག །མཁས་པ་ཤྲཱི་རྒྱལ་པོའི་ཁྱད་ཆོས།།

至盼勿漏失教誡　　博士師利王之特勝法

སརྦ་མངྒ་ལོ།

薩爾瓦曼噶朗

　　此口訣根本文最初譯於 2003 年 11 月 6 日，係應何位上師開示而譯，已不復記憶。然十年間則翻譯過數次上師詳細開示，包括白玉南卓林寺退休校長南卓堪布於新加坡大眾學佛會開示，2013 年 5 月白玉南卓林寺退休校長徹令多傑堪布於板橋三根本法洲佛學會開示，達蘭莎拉賈傑康楚仁波切於聖南寺開示，以及直貢噶千仁波切於台中直貢噶舉中心開示。

　　張福成定稿於樹林閉關房。此善迴向老母六道眾。

　　2013 年 07 月 27 日。善哉。善哉。善哉。

　　　　　　　　　　　　　　　　　張福成恭譯

　　　　　　　　　　　　　　　　此善迴向老母六道眾

　　　　　　　　　　　　　　　2018/01/03 翻譯校正完畢

徹令多傑堪仁波切
籌辦興建「蓮師吉祥光明殿」
進度及近期活動剪影

　　這一年來，堪仁波切每半年前往台灣一趟，除了為樹林閉關中心弟子灌頂《普巴金剛》，指導進行為期一年、每月一次閉關的次第修行外，並於台北、台中和高雄中心進行各種不同主題的灌頂、傳法。

　　同樣地，堪仁波切每半年前往香港一趟，為香港中心的弟子們傳法、灌頂及主持各種法會。

　　其餘時間，堪仁波切大多待在印度，執行寧瑪白玉祖寺噶瑪古千法王的指示，於北印度阿薩姆邦興建蓮師吉祥光明殿，下圖為 2018 年 1 月工程進度。目前興建經費仍欠缺許多，虔請十方功德主廣發菩提心，慷慨護持，共同成就弘揚佛法。詳情請上網站 www.y-s-p-d.org.tw 或 email 聯絡 threebasic@gmail.com 聯繫，功德無量。

堪仁波切視察蓮師吉祥光明殿工程進度。

2018 年藏曆新年，堪仁波切返回貝瑪貴聖地，送給每位僧侶一套新僧服及保暖毛衣。結束後，全體於大殿前合影。

除了僧服和毛衣，堪仁波切也送給每位喇嘛一條保暖毯。領到新毯子，每位喇嘛笑逐顏開。

尊貴的南卡吉美拉蔣仁波切（Namkha Drimed Rabjam Rinpoche）於貝瑪貴舉行九天的格薩爾大法會，參加者摩肩擦踵，坐滿大殿。

大殿門口也擠滿民眾，準備接受格薩爾灌頂。

第二屆貝瑪貴醫療保健訓練及義診於 2018 年 1 月展開，除了上課並有兩天義診，其中一天深入山區珞巴族村落，由受訓過的喇嘛協助台灣醫師服務。

橡樹林文化 ❖❖ 善知識系列 ❖❖ 書目

JB0001	狂喜之後	傑克・康菲爾德◎著	380 元
JB0002	抉擇未來	達賴喇嘛◎著	250 元
JB0003	佛性的遊戲	舒亞・達斯喇嘛◎著	300 元
JB0004	東方大日	邱陽・創巴仁波切◎著	300 元
JB0005	幸福的修煉	達賴喇嘛◎著	230 元
JB0006	與生命相約	一行禪師◎著	240 元
JB0007	森林中的法語	阿姜查◎著	320 元
JB0008	重讀釋迦牟尼	陳兵◎著	320 元
JB0009	你可以不生氣	一行禪師◎著	230 元
JB0010	禪修地圖	達賴喇嘛◎著	280 元
JB0011	你可以不怕死	一行禪師◎著	250 元
JB0012	平靜的第一堂課——觀呼吸	德寶法師 ◎著	260 元
JB0013X	正念的奇蹟	一行禪師◎著	220 元
JB0014X	觀照的奇蹟	一行禪師◎著	220 元
JB0015	阿姜查的禪修世界——戒	阿姜查◎著	220 元
JB0016	阿姜查的禪修世界——定	阿姜查◎著	250 元
JB0017	阿姜查的禪修世界——慧	阿姜查◎著	230 元
JB0018X	遠離四種執著	究給・企千仁波切◎著	280 元
JB0019X	禪者的初心	鈴木俊隆◎著	220 元
JB0020X	心的導引	薩姜・米龐仁波切◎著	240 元
JB0021X	佛陀的聖弟子傳 1	向智長老◎著	240 元
JB0022	佛陀的聖弟子傳 2	向智長老◎著	200 元
JB0023	佛陀的聖弟子傳 3	向智長老◎著	200 元
JB0024	佛陀的聖弟子傳 4	向智長老◎著	260 元
JB0025	正念的四個練習	喜戒禪師◎著	260 元
JB0026	遇見藥師佛	堪千創古仁波切◎著	270 元
JB0027	見佛殺佛	一行禪師◎著	220 元
JB0028	無常	阿姜查◎著	220 元
JB0029	覺悟勇士	邱陽・創巴仁波切◎著	230 元
JB0030	正念之道	向智長老◎著	280 元

JB0031	師父──與阿姜查共處的歲月	保羅・布里特◎著	260 元
JB0032	統御你的世界	薩姜・米龐仁波切◎著	240 元
JB0033	親近釋迦牟尼佛	髻智比丘◎著	430 元
JB0034	藏傳佛教的第一堂課	卡盧仁波切◎著	300 元
JB0035	拙火之樂	圖敦・耶喜喇嘛◎著	280 元
JB0036	心與科學的交會	亞瑟・札炯克◎著	330 元
JB0037	你可以，愛	一行禪師◎著	220 元
JB0038	專注力	B・艾倫・華勒士◎著	250 元
JB0039X	輪迴的故事	堪欽慈誠羅珠◎著	270 元
JB0040	成佛的藍圖	堪千創古仁波切◎著	270 元
JB0041	事情並非總是如此	鈴木俊隆禪師◎著	240 元
JB0042	祈禱的力量	一行禪師◎著	250 元
JB0043	培養慈悲心	圖丹・卻准◎著	320 元
JB0044	當光亮照破黑暗	達賴喇嘛◎著	300 元
JB0045	覺照在當下	優婆夷 紀・那那蓉◎著	300 元
JB0046	大手印暨觀音儀軌修法	卡盧仁波切◎著	340 元
JB0047X	蔣貢康楚閉關手冊	蔣貢康楚羅卓泰耶◎著	260 元
JB0048	開始學習禪修	凱薩琳・麥唐諾◎著	300 元
JB0049	我可以這樣改變人生	堪布慈囊仁波切◎著	250 元
JB0050	不生氣的生活	W. 伐札梅諦◎著	250 元
JB0051	智慧明光：《心經》	堪布慈囊仁波切◎著	250 元
JB0052	一心走路	一行禪師◎著	280 元
JB0054	觀世音菩薩妙明教示	堪布慈囊仁波切◎著	350 元
JB0055	世界心精華寶	貝瑪仁增仁波切◎著	280 元
JB0056	到達心靈的彼岸	堪干・阿貝仁波切◎著	220 元
JB0057	慈心禪	慈濟瓦法師◎著	230 元
JB0058	慈悲與智見	達賴喇嘛◎著	320 元
JB0059	親愛的喇嘛梭巴	喇嘛梭巴仁波切◎著	320 元
JB0060	轉心	蔣康祖古仁波切◎著	260 元
JB0061	遇見上師之後	詹杜固仁波切◎著	320 元
JB0062	白話《菩提道次第廣論》	宗喀巴大師◎著	500 元
JB0063	離死之心	竹慶本樂仁波切◎著	400 元
JB0064	生命真正的力量	一行禪師◎著	280 元

JB0065	夢瑜伽與自然光的修習	南開諾布仁波切◎著	280元
JB0066	實證佛教導論	呂真觀◎著	500元
JB0067	最勇敢的女性菩薩——綠度母	堪布慈囊仁波切◎著	350元
JB0068	建設淨土——《阿彌陀經》禪解	一行禪師◎著	240元
JB0069	接觸大地—與佛陀的親密對話	一行禪師◎著	220元
JB0070	安住於清淨自性中	達賴喇嘛◎著	480元
JB0071/72	菩薩行的祕密【上下冊】	佛子希瓦拉◎著	799元
JB0073	穿越六道輪迴之旅	德洛達娃多瑪◎著	280元
JB0074	突破修道上的唯物	邱陽・創巴仁波切◎著	320元
JB0075	生死的幻覺	白瑪格桑仁波切◎著	380元
JB0076	如何修觀音	堪布慈囊仁波切◎著	260元
JB0077	死亡的藝術	波卡仁波切◎著	250元
JB0078	見之道	根松仁波切◎著	330元
JB0079	彩虹丹青	祖古・烏金仁波切◎著	340元
JB0080	我的極樂大願	卓千拉貢仁波切◎著	260元
JB0081	再捻佛語妙花	祖古・烏金仁波切◎著	250元
JB0082	進入禪定的第一堂課	德寶法師◎著	300元
JB0083	藏傳密續的真相	圖敦・耶喜喇嘛◎著	300元
JB0084	鮮活的覺性	堪干創古仁波切◎著	350元
JB0085	本智光照	遍智 吉美林巴◎著	380元
JB0086	普賢王如來祈願文	竹慶本樂仁波切◎著	320元
JB0087	禪林風雨	果煜法師◎著	360元
JB0088	不依執修之佛果	敦珠林巴◎著	320元
JB0089	本智光照—功德寶藏論 密宗分講記	遍智 吉美林巴◎著	340元
JB0090	三主要道論	堪布慈囊仁波切◎講解	280元
JB0091	千手千眼觀音齋戒—紐涅的修持法	汪遷仁波切◎著	400元
JB0092	回到家，我看見真心	一行禪師◎著	220元
JB0093	愛對了	一行禪師◎著	260元
JB0094	追求幸福的開始：薩迦法王教你如何修行	尊勝的薩迦法王◎著	300元
JB0095	次第花開	希阿榮博堪布◎著	350元
JB0096	楞嚴貫心	果煜法師◎著	380元
JB0097	心安了，路就開了：讓《佛說四十二章經》成為你人生的指引	釋悟因◎著	320元

JB0098	修行不入迷宮	札丘傑仁波切◎著	320 元
JB0099	看自己的心，比看電影精彩	圖敦・耶喜喇嘛◎著	280 元
JB0100	自性光明──法界寶庫論	大遍智　龍欽巴尊者◎著	480 元
JB0101	穿透《心經》：原來，你以為的只是假象	柳道成法師◎著	380 元
JB0102	直顯心之奧秘：大圓滿無二性的殊勝口訣	祖古貝瑪・里沙仁波切◎著	500 元
JB0103	一行禪師講《金剛經》	一行禪師◎著	320 元
JB0104	金錢與權力能帶給你甚麼？ 一行禪師談生命真正的快樂	一行禪師◎著	300 元
JB0105	一行禪師談正念工作的奇蹟	一行禪師◎著	280 元
JB0106	大圓滿如幻休息論	大遍智　龍欽巴尊者◎著	320 元
JB0107	覺悟者的臨終贈言：《定日百法》	帕當巴桑傑大師◎著 堪布慈囊仁波切◎講述	300 元
JB0108	放過自己：揭開我執的騙局，找回心的自在	圖敦・耶喜喇嘛◎著	280 元
JB0109	快樂來自心	喇嘛梭巴仁波切◎著	280 元
JB0110	正覺之道・佛子行廣釋	根讓仁波切◎著	550 元
JB0111	中觀勝義諦	果煜法師◎著	500 元
JB0112	觀修藥師佛──祈請藥師佛，能解決你的 困頓不安，感受身心療癒的奇蹟	堪千創古仁波切◎著	450 元
JB0113	與阿姜查共處的歲月	保羅・布里特◎著	300 元
JB0114	正念的四個練習	喜戒禪師◎著	300 元
JB0115	揭開身心的奧秘：阿毗達摩怎麼說？	善戒禪師◎著	420 元
JB0116	一行禪師講《阿彌陀經》	一行禪師◎著	260 元
JB0117	一生吉祥的三十八個祕訣	四明智廣◎著	350 元
JB0118	狂智	邱陽創巴仁波切◎著	380 元
JB0119	療癒身心的十種想── 兼行「止禪」與「觀禪」的實用指引， 醫治無明、洞見無常的妙方	德寶法師◎著	320 元
JB0120	覺醒的明光	堪祖蘇南給稱仁波切◎著	350 元
JB0122	正念的奇蹟（電影封面紀念版）	一行禪師◎著	250 元
JB0123	一行禪師　心如一畝田：唯識 50 頌	一行禪師◎著	360 元
JB0124	一行禪師　你可以不生氣：佛陀的情緒處方	一行禪師◎著	250 元

橡樹林文化 ❖❖❖ 眾生系列 ❖❖❖ 書目

JP0001	大寶法王傳奇	何謹◎著	200 元
JP0002X	當和尚遇到鑽石（增訂版）	麥可·羅區格西◎著	360 元
JP0003X	尋找上師	陳念萱◎著	200 元
JP0004	祈福 DIY	蔡春娉◎著	250 元
JP0006	遇見巴伽活佛	溫普林◎著	280 元
JP0009	當吉他手遇見禪	菲利浦·利夫·須藤◎著	220 元
JP0010	當牛仔褲遇見佛陀	蘇密·隆敦◎著	250 元
JP0011	心念的賽局	約瑟夫·帕蘭特◎著	250 元
JP0012	佛陀的女兒	艾美·史密特◎著	220 元
JP0013	師父笑呵呵	麻生佳花◎著	220 元
JP0014	菜鳥沙彌變高僧	盛宗永興◎著	220 元
JP0015	不要綁架自己	雪倫·薩爾茲堡◎著	240 元
JP0016	佛法帶著走	佛朗茲·梅蓋弗◎著	220 元
JP0018C	西藏心瑜伽	麥可·羅區格西◎著	250 元
JP0019	五智喇嘛彌伴傳奇	亞歷珊卓·大衛—尼爾◎著	280 元
JP0020	禪　兩刃相交	林谷芳◎著	260 元
JP0021	正念瑜伽	法蘭克·裘德·巴奇歐◎著	399 元
JP0022	原諒的禪修	傑克·康菲爾德◎著	250 元
JP0023	佛經語言初探	竺家寧◎著	280 元
JP0024	達賴喇嘛禪思 365	達賴喇嘛◎著	330 元
JP0025	佛教一本通	蓋瑞·賈許◎著	499 元
JP0026	星際大戰·佛部曲	馬修·波特林◎著	250 元
JP0027	全然接受這樣的我	塔拉·布萊克◎著	330 元
JP0028	寫給媽媽的佛法書	莎拉·娜塔莉◎著	300 元
JP0029	史上最大佛教護法—阿育王傳	德千汪莫◎著	230 元
JP0030	我想知道什麼是佛法	圖丹·卻淮◎著	280 元
JP0031	優雅的離去	蘇希拉·布萊克曼◎著	240 元
JP0032	另一種關係	滿亞法師◎著	250 元
JP0033	當禪師變成企業主	馬可·雷瑟◎著	320 元
JP0034	智慧 81	偉恩·戴爾博士◎著	380 元
JP0035	覺悟之眼看起落人生	金菩提禪師◎著	260 元
JP0036	貓咪塔羅算自己	陳念萱◎著	520 元
JP0037	聲音的治療力量	詹姆斯·唐傑婁◎著	280 元
JP0038	手術刀與靈魂	艾倫·翰彌頓◎著	320 元
JP0039	作為上師的妻子	黛安娜·J·木克坡◎著	450 元

JP0040	狐狸與白兔道晚安之處	庫特・約斯特勒◎著	280 元
JP0041	從心靈到細胞的療癒	喬思・慧麗・赫克◎著	260 元
JP0042	27% 的獲利奇蹟	蓋瑞・賀許伯格◎著	320 元
JP0043	你用對專注力了嗎？	萊斯・斐米博士◎著	280 元
JP0044	我心是金佛	大行大禪師◎著	280 元
JP0045	當和尚遇到鑽石 2	麥可・羅區格西◎等著	280 元
JP0046	雪域求法記	邢肅芝（洛桑珍珠）◎口述	420 元
JP0047	你的心是否也住著一隻黑狗？	馬修・約翰史東◎著	260 元
JP0048	西藏禪修書	克莉絲蒂・麥娜麗喇嘛◎著	300 元
JP0049	西藏心瑜伽 2	克莉絲蒂・麥娜麗喇嘛◎等著	300 元
JP0050	創作，是心靈療癒的旅程	茱莉亞・卡麥隆◎著	350 元
JP0051	擁抱黑狗	馬修・約翰史東◎著	280 元
JP0052	還在找藉口嗎？	偉恩・戴爾博士◎著	320 元
JP0053	愛情的吸引力法則	艾莉兒・福特◎著	280 元
JP0054	幸福的雪域宅男	原人◎著	350 元
JP0055	貓馬麻	阿義◎著	350 元
JP0056	看不見的人	中沢新一◎著	300 元
JP0057	內觀瑜伽	莎拉・鮑爾斯◎著	380 元
JP0058	29 個禮物	卡蜜・沃克◎著	300 元
JP0059	花仙療癒占卜卡	張元貞◎著	799 元
JP0060	與靈共存	詹姆斯・范普拉◎著	300 元
JP0061	我的巧克力人生	吳佩容◎著	300 元
JP0062	這樣玩，讓孩子更專注、更靈性	蘇珊・凱瑟・葛凌蘭◎著	350 元
JP0063	達賴喇嘛送給父母的幸福教養書	安娜・芭蓓蔻爾・史蒂文・李斯◎著	280 元
JP0064	我還沒準備說再見	布蕾克・諾爾＆帕蜜拉・D・布萊爾◎著	380 元
JP0065	記憶人人 hold 得住	喬許・佛爾◎著	360 元
JP0066	菩曼仁波切	林建成◎著	320 元
JP0067	下面那裡怎麼了？	莉莎・瑞金◎著	400 元
JP0068	極密聖境・仰桑貝瑪貴	邱常梵◎著	450 元
JP0069	停心	釋心道◎著	380 元
JP0070	聞盡	釋心道◎著	380 元
JP0071	如果你對現況感到倦怠……	威廉・懷克羅◎著	300 元
JP0072	希望之翼： 倖存的奇蹟，以及雨林與我的故事	茱莉安・柯普科◎著	380 元
JP0073	我的人生療癒旅程	鄧嚴◎著	260 元
JP0074	因果，怎麼一回事？	釋見介◎著	240 元
JP0075	皮克斯動畫師之紙上動畫《羅摩衍那》	桑傑・帕特爾◎著	720 元
JP0076	寫，就對了！	茱莉亞・卡麥隆◎著	380 元

JP0077	願力的財富	釋心道◎著	380 元
JP0078	當佛陀走進酒吧	羅卓・林茲勒◎著	350 元
JP0079	人聲，奇蹟的治癒力	伊凡・德・布奧恩◎著	380 元
JP0080	當和尚遇到鑽石 3	麥可・羅區格西◎著	400 元
JP0081	AKASH 阿喀許靜心 100	AKASH 阿喀許◎著	400 元
JP0082	世上是不是有神仙：生命與疾病的真相	樊馨蔓◎著	300 元
JP0083	生命不僅僅如此—辟穀記（上）	樊馨蔓◎著	320 元
JP0084	生命可以如此—辟穀記（下）	樊馨蔓◎著	420 元
JP0085	讓情緒自由	茱迪斯・歐洛芙◎著	420 元
JP0086	別癌無恙	李九如◎著	360 元
JP0087	甚麼樣的業力輪迴，造就現在的你	芭芭拉・馬丁&狄米崔・莫瑞提斯◎著	420 元
JP0088	我也有聰明數學腦：15 堂課激發被隱藏的競爭力	盧采嫻◎著	280 元
JP0089	與動物朋友心傳心	羅西娜・瑪利亞・阿爾克蒂◎著	320 元
JP0090	法國清新舒壓著色畫 50：繽紛花園	伊莎貝爾・熱志－梅納&紀絲蘭・史朵哈&克萊兒・摩荷爾－法帝歐◎著	350 元
JP0091	法國清新舒壓著色畫 50：療癒曼陀羅	伊莎貝爾・熱志－梅納&紀絲蘭・史朵哈&克萊兒・摩荷爾－法帝歐◎著	350 元
JP0092	風是我的母親	熊心、茉莉・拉肯◎著	350 元
JP0093	法國清新舒壓著色畫 50：幸福懷舊	伊莎貝爾・熱志－梅納&紀絲蘭・史朵哈&克萊兒・摩荷爾－法帝歐◎著	350 元
JP0094	走過倉央嘉措的傳奇：尋訪六世達賴喇嘛的童年和晚年，解開情詩活佛的生死之謎	邱常梵◎著	450 元
JP0095	【當和尚遇到鑽石 4】愛的業力法則：西藏的古老智慧，讓愛情心想事成	麥可・羅區格西◎著	450 元
JP0096	媽媽的公主病：活在母親陰影中的女兒，如何走出自我？	凱莉爾・麥克布萊德博士◎著	380 元
JP0097	法國清新舒壓著色畫 50：璀璨伊斯蘭	伊莎貝爾・熱志－梅納&紀絲蘭・史朵哈&克萊兒・摩荷爾－法帝歐◎著	350 元
JP0098	最美好的都在此刻：53 個創意、幽默、找回微笑生活的正念練習	珍・邱禪・貝斯醫生◎著	350 元
JP0099	愛，從呼吸開始吧！回到當下、讓心輕安的禪修之道	釋果峻◎著	300 元
JP0100	能量曼陀羅：彩繪內在寧靜小宇宙	保羅・霍伊斯坦、狄蒂・羅恩◎著	380 元
JP0101	爸媽何必太正經！幽默溝通，讓孩子正向、積極、有力量	南琦◎著	300 元
JP0102	舍利子，是甚麼？	洪宏◎著	320 元
JP0103	我隨上師轉山：蓮師聖地溯源朝聖	邱常梵◎著	460 元
JP0104	光之手：人體能量場療癒全書	芭芭拉・安・布藍能◎著	899 元

JP0105	在悲傷中還有光： 失去珍愛的人事物，找回重新聯結的希望	尾角光美◎著	300 元
JP0106	法國清新舒壓著色畫 45：海底嘉年華	小姐們◎著	360 元
JP0108	用「自主學習」來翻轉教育！ 沒有課表、沒有分數的瑟谷學校	丹尼爾·格林伯格◎著	300 元
JP0109	Soppy 愛賴在一起	菲莉帕·賴斯◎著	300 元
JP0110	我嫁到不丹的幸福生活：一段愛與冒險的故事	琳達·黎明◎著	350 元
JP0111	TTouch® 神奇的毛小孩按摩術——狗狗篇	琳達·泰林頓瓊斯博士◎著	320 元
JP0112	戀瑜伽·愛素食：覺醒，從愛與不傷害開始	莎朗·嘉儂◎著	320 元
JP0113	TTouch® 神奇的毛小孩按摩術——貓貓篇	琳達·泰林頓瓊斯博士◎著	320 元
JP0114	給禪修者與久坐者的痠痛舒緩瑜伽	琴恩·厄爾邦◎著	380 元
JP0115	純植物·全食物：超過百道零壓力蔬食食譜， 找回美好食物真滋味，心情、氣色閃亮亮	安潔拉·立頓◎著	680 元
JP0116	一碗粥的修行： 從禪宗的飲食精神，體悟生命智慧的豐盛美好	吉村昇洋◎著	300 元
JP0117	綻放如花——巴哈花精靈性成長的教導	史岱方·波爾◎著	380 元
JP0118	貓星人的華麗狂想	馬喬·莎娜◎著	350 元
JP0119	直面生死的告白—— 一位曹洞宗禪師的出家緣由與說法	南直哉◎著	350 元
JP0120	OPEN MIND！房樹人繪畫心理學	一沙◎著	300 元
JP0121	不安的智慧	艾倫·W·沃茨◎著	280 元
JP0122	寫給媽媽的佛法書： 不煩不憂照顧好自己與孩子	莎拉·娜塔莉◎著	320 元
JP0123	當和尚遇到鑽石 5：修行者的祕密花園	麥可·羅區格西◎著	320 元
JP0124	貓熊好療癒：這些年我們一起追的圓仔～～ 頭號「圓粉」私密日記大公開！	周咪咪◎著	340 元
JP0125	用血清素與眼淚消解壓力	有田秀穗◎著	300 元
JP0126	當勵志不再有效	金木水◎著	320 元
JP0127	特殊兒童瑜伽	索妮亞·蘇瑪◎著	380 元
JP0128	108 大拜式	JOYCE（翁憶珍）◎著	380 元
JP0129	修道士與商人的傳奇故事： 經商中的每件事都是神聖之事	特里·費爾伯◎著	320 元
JP0130	靈氣實用手位法—— 西式靈氣系統創始者林忠次郎的療癒技術	林忠次郎、山口忠夫、 法蘭克·阿加伐·彼得◎著	450 元
JP0131	你所不知道的養生迷思——治其病要先明其 因，破解那些你還在信以為真的健康偏見！	曾培傑、陳創濤◎著	450 元
JP0132	貓僧人：有什麼好煩惱的喵～	御誕生寺（ごたんじょうじ）◎著	320 元

JP0133	昆達里尼瑜伽——永恆的力量之流	莎克蒂・帕瓦・考爾・卡爾薩◎著	599 元
JP0134	尋找第二佛陀・良美大師——探訪西藏象雄文化之旅	寧艷娟◎著	450 元
JP0135	聲音的治療力量：修復身心健康的咒語、唱誦與種子音	詹姆斯・唐傑婁◎著	300 元
JP0136	一大事因緣：韓國頂峰無無禪師的不二慈悲與智慧開示（特別收錄禪師台灣行腳對談）	頂峰無無禪師、天真法師、玄玄法師◎著	380 元
JP0137	運勢決定人生——執業 50 年、見識上萬客戶資深律師告訴你翻轉命運的智慧心法	西中　務◎著	350 元
JP0138	心靈花園：祝福、療癒、能量——七十二幅滋養靈性的神聖藝術	費絲・諾頓◎著	450 元

橡樹林文化 ✦✦✦ 成就者傳記系列 ✦✦✦ 書目

JS0001	惹瓊巴傳	堪千創古仁波切◎著	260 元
JS0002	曼達拉娃佛母傳	喇嘛卻南、桑傑・康卓◎英譯	350 元
JS0003	伊喜・措嘉佛母傳	嘉華・蔣秋、南開・寧波◎伏藏書錄	400 元
JS0004	無畏金剛智光：怙主敦珠仁波切的生平與傳奇	堪布才旺・董嘉仁波切◎著	400 元
JS0005	珍稀寶庫——薩迦總巴創派宗師貢嘎南嘉傳	嘉敦・強秋旺嘉◎著	350 元
JS0006	帝洛巴傳	堪千創古仁波切◎著	260 元
JS0007	南懷瑾的最後 100 天	王國平◎著	380 元
JS0008	偉大的不丹傳奇・五大伏藏王之一貝瑪林巴之生平與伏藏教法	貝瑪林巴◎取藏	450 元
JS0009	噶舉三祖師：馬爾巴傳	堪千創古仁波切◎著	300 元
JS0010	噶舉三祖師：密勒日巴傳	堪千創古仁波切◎著	280 元
JS0011	噶舉三祖師：岡波巴傳	堪千創古仁波切◎著	280 元
JS0012	法界遍智全知法王——龍欽巴傳	蔣巴・麥堪哲・史都爾◎著	380 元
JS0013	藏傳佛法最受歡迎的聖者——瘋聖竹巴袞列傳奇生平與道歌	格西札浦根敦仁欽◎藏文彙編	380 元
JS0014	大成就者傳奇：54 位密續大師的悟道故事	凱斯・道曼◎著	500 元

善知識系列　JB0125

三句擊要：以三句口訣直指大圓滿見地、觀修與行持

藏 文 原 著／巴珠仁波切
教　　　　授／堪布徹令多傑仁波切
口　　　譯／張福成
特 約 編 輯／蘇千塔
協 力 編 輯／丁品方
業　　　　務／顏宏紋

總　編　輯／張嘉芳
出　　　版／橡樹林文化
　　　　　　城邦文化事業股份有限公司
　　　　　　104 台北市民生東路二段 141 號 5 樓
　　　　　　電話：(02)2500-7696　傳眞：(02)2500-1951
發　　　行／英屬蓋曼群島商家庭傳媒股份有限公司城邦分公司
　　　　　　104 台北市中山區民生東路二段 141 號 2 樓
　　　　　　客服服務專線：(02)25007718；25001991
　　　　　　24 小時傳眞專線：(02)25001990；25001991
　　　　　　服務時間：週一至週五上午 09:30 ～ 12:00；下午 13:30 ～ 17:00
　　　　　　劃撥帳號：19863813　戶名：書虫股份有限公司
　　　　　　讀者服務信箱：service@readingclub.com.tw
香港發行所／城邦（香港）出版集團有限公司
　　　　　　香港灣仔駱克道 193 號東超商業中心 1 樓
　　　　　　電話：(852)25086231　傳眞：(852)25789337
　　　　　　Email: hkcite@biznetvigator.com
馬新發行所／城邦（馬新）出版集團【Cité (M) Sdn.Bhd. (458372 U)】
　　　　　　41, Jalan Radin Anum, Bandar Baru Sri Petaling,
　　　　　　57000 Kuala Lumpur, Malaysia.
　　　　　　電話：(603) 90578822　傳眞：(603) 90576622
　　　　　　Email：cite@cite.com.my

封面設計／周家瑤
內文排版／歐陽碧智
印　　刷／韋懋實業有限公司

初版一刷／2018 年 4 月
初版二刷／2021 年 10 月
ISBN ／978-986-5613-69-3
定價／300 元

城邦讀書花園
www.cite.com.tw

版權所有 ‧ 翻印必究（Printed in Taiwan）
缺頁或破損請寄回更換

國家圖書館出版品預行編目（CIP）資料

三句擊要：以三句口訣直指大圓滿見地、觀修與行持 ╱ 巴
珠仁波切著；堪布徹令多傑仁波切教授；張福成譯. --
初版. -- 臺北市：橡樹林文化，城邦文化出版：家庭傳
媒城邦分公司發行，2018.04
　　面；　公分. --（善知識系列；JB0125）

ISBN 978-986-5613-69-3（平裝）

1. 藏傳佛教　2. 注釋　3. 佛教修持

226.96612　　　　　　　　　　　　　　　107004259

104 台北市中山區民生東路二段 141 號 5 樓

城邦文化事業股份有限公司

橡樹林出版事業部　收

橡｜樹｜林

書名：三句擊要：以三句口訣直指大圓滿見地、觀修與行持
書號：JB0125

感謝您對橡樹林出版社之支持,請將您的建議提供給我們參考與改進;請別忘了給我們一些鼓勵,我們會更加努力,出版好書與您結緣。

姓名:＿＿＿＿＿＿＿＿＿＿＿　□女　□男　　生日:西元＿＿＿＿＿年

Email:＿＿＿＿＿＿＿＿＿＿＿＿＿＿＿＿＿＿＿＿＿＿

● 您從何處知道此書?

　□書店　□書訊　□書評　□報紙　□廣播　□網路　□廣告 DM　□親友介紹

　□橡樹林電子報　□其他＿＿＿＿＿＿＿＿＿

● 您以何種方式購買本書?

　□誠品書店　□誠品網路書店　□金石堂書店　□金石堂網路書店

　□博客來網路書店　□其他＿＿＿＿＿＿＿＿＿

● 您希望我們未來出版哪一種主題的書?(可複選)

　□佛法生活應用　□教理　□實修法門介紹　□大師開示　□大師傳記

　□佛教圖解百科　□其他＿＿＿＿＿＿＿＿＿

● 您對本書的建議:

＿＿＿＿＿＿＿＿＿＿＿＿＿＿＿＿＿＿＿＿＿＿＿＿＿＿＿＿＿

＿＿＿＿＿＿＿＿＿＿＿＿＿＿＿＿＿＿＿＿＿＿＿＿＿＿＿＿＿

＿＿＿＿＿＿＿＿＿＿＿＿＿＿＿＿＿＿＿＿＿＿＿＿＿＿＿＿＿

＿＿＿＿＿＿＿＿＿＿＿＿＿＿＿＿＿＿＿＿＿＿＿＿＿＿＿＿＿

處理佛書的方式

佛書內含佛陀的法教，能令我們免於投生惡道，並且為我們指出解脫之道。因此，我們應當對佛書恭敬，不將它放置於地上、座位或是走道上，也不應跨過。搬運佛書時，要妥善地包好、保護好。放置佛書時，應放在乾淨的高處，與其他一般的物品區分開來。

若是需要處理掉不用的佛書，就必須小心謹慎地將它們燒掉，而不是丟棄在垃圾堆當中。焚燒佛書前，最好先唸一段祈願文或是咒語，例如唵（OM）、啊（AH）、吽（HUNG），然後觀想被焚燒的佛書中的文字融入「啊」字，接著「啊」字融入你自身，之後才開始焚燒。

這些處理方式也同樣適用於佛教藝術品，以及其他宗教教法的文字記錄與藝術品。

ཨ་ཝ་ཎ་བཛྲ་པད་སྐུ་ཨ་ཚོང་ལྡང་བརྒྱ་ར་པོ་ནན་ར་ཤཤི།

ཡི་གེ་ཉི་ཤུ་རྩ་བདུན་པ་འདི་དཔེ་ཆ་ཡི་ནང་དུ་བཞག་ན་དཔེ་ཆ་དེ་ཡི་འདུར
བགྲོམས་ཀྱང་ཉེས་པ་མི་འབྱུང་བར་འཇམ་དཔལ་རྩ་རྒྱུད་ལས་གསུངས་སོ།། །

此咒置經書中　可滅誤跨之罪